초보
강사
입문서

초보 강사 입문서

처음 강의하는 사람을 위한 실전 가이드

초 판 1쇄 2026년 01월 19일

지은이 이기양
펴낸이 류종렬

펴낸곳 미다스북스
본부장 임종익
편집장 이다경, 김가영
디자인 윤가희, 임인영, 윤영빈
책임진행 안채원, 이예나, 김은진, 국소리, 송가희, 이지영

등록 2001년 3월 21일 제2001-000040호
주소 서울시 마포구 양화로 133 서교타워 711호, 808호
전화 02) 322-7802~3
팩스 02) 6007-1845
블로그 http://blog.naver.com/midasbooks
전자주소 midasbooks@hanmail.net
페이스북 https://www.facebook.com/midasbooks425
인스타그램 https://www.instagram.com/midasbooks

ⓒ 이기양, 미다스북스 2026, *Printed in Korea*.

ISBN 979-11-7355-664-7 03190

값 19,000원

미다스북스는 다음세대에게 필요한 지혜와 교양을 생각합니다.

처음 강의하는 사람을 위한 실전 가이드

초보 강사 입문서

이기양 지음

미다스북스

강연의 시대,
우리는 모두 강사가 된다

강연의 시대다.

아침, 알람 소리에 눈을 뜨며 베개 옆을 더듬는다. 한쪽 눈만 겨우 뜬 채 스마트폰을 연다. 빨간색 유튜브 아이콘을 찾아 눌러 이리저리 손가락을 옮긴다. 오늘은 무엇을 볼까.

도파민 중독이라는 말이 나올 만큼, 사람들은 하루에도 수많은 콘텐츠를 접하며 살아간다. 스마트폰 하나만 있으면 음악을 듣고, 영화를 보고, 책까지 읽을 수 있다. 유명 강사들은 이미 유튜브 안으로 들어왔고, 이제는 강연장을 찾지 않아도 공부가 일상의 일부가 되었다. 마음만 먹으면 방에 앉아 하버드 수업을 듣는 것도 가능한 시대다.

방대한 양의 콘텐츠는 서로 경쟁하며 질을 끌어올렸고, 그만큼 양질의 콘텐츠를 가려내는 소비자도 늘어났다. 이른바 '방구석 공부꾼'들의 수준은 점점 높아지고, 그들이 원하는 주제는 더욱 구체적이다. 수납장을 어떻게 정리하고 유지하는지, 욕실 청소를 완벽하게 끝내는 방법은 무엇인지, 고양이 화장실을 빠르고 쉽게 청소하는 요령은 없는지 궁금증이 생기면 자연스럽게 검색부터 하게 된다.

이 말은 곧, 세상 모든 것이 강의가 될 수 있다는 뜻이다. 스마트폰 하나로 강의 영상을 제작해 유튜브에서 수익을 만들 수도 있고, 온라인보다 대면 교육을 선호하는 이들을 위해 현장에서 직접 노하우를 전할 수도 있다. 나의 경험과 지식, 그리고 아주 작은 생활의 기술까지도 모두 강의가 된다.

구체적이고 즉시 적용할 수 있는 정보를 원하는 사람들이 이렇게 많아진 지금, 나의 경험을 강의하지 않을 이유는 없다. 일상에서 쌓아 온 모든 경험은 누군가에게는 교육이 되고, 또 다른 누군가에게는 행동의 동기가 된다. 강의는 듣는 사람만 성장시키는 일이 아니다. 가르치는 나 역시 성장하게 하고, 때로는 새로운 수입의 길을 열어 준다.

누구나 강사가 될 수 있고, 누구나 자신의 이야기를 강의로 만들 수 있다. 특별한 재능이 있어서가 아니라, 각자의 경험이 이미 하나의 콘텐츠이기 때문이다. 다만 대부분은 그 방법을 모를 뿐이다.

2019년 가을, 어느 고등학교에서 프리랜서 강사로서 첫걸음을 내디뎠다. 스물두 살에 아르바이트로 학원 강의를 시작했으니, 이미 강의 경력만큼은 20년에 가까웠다. 그런데도 학원이 아닌 공간에서, 새로운 콘텐츠를 들고 서 있던 그날은 마치 오래전 처음 강단에 섰던 날처럼 가슴이 두근거렸다.

그로부터 불과 6개월 전, 나는 일을 완전히 멈춰야 했다. 번아웃이었다. 무엇을 위해 살아왔는지 답을 찾지 못한 채, 마음이 먼저 무너져 내렸다. 사람을 만나면 땀이 나고 말이 잘 나오지 않았다. 말소리는 먹먹하게 들렸고, 대화 자체가 버거웠다. 학원 원장이면서도 학부모 상담조차 할 수 없는 상태가 되었다.

스물네 살부터 거의 20년 가까이 해 오던 일이 죽도록 힘이 들었다. 결국 몇 달을 못 버티고 학원을 양도했다. 몸부터, 마음부터 챙기자는 생각뿐이었다. 그렇게 일을 내려놓고 쉬기로 했다.

학원을 정리한 지 한 달쯤 지났을 때였을까. 동네 구청에서 마을 주민을 대상으로 한 취업 강사 양성 과정이 열린다는 안내를 보게 되었다. 큰 기대 없이 참여한 10주 과정에서, 나는 다시 '강의'라는 일을 마주했다. 내가 했던 '수업'의 성격과는 다른 교육의 모습이 흥미로웠다. 어떤 날은 강사의 모습이 닮고 싶어졌고, 또 어떤 날은 자신 없어 보이는 강사의 태도에 실망하기도 했다. 그렇게 나는, 강사라는 직업을 새롭게 다시 경험하고 있었다.

모든 과정이 끝나고 자격증 하나를 받았다. NCS 취업컨설턴트 1급. 채용 방식이 크게 달라지던 시기였고, NCS 관련 강의는 당시 강사들 사이에서 주목받던 콘텐츠였다. 이제 취업을 주제로 강의할 수 있다는 자격이 생겼지만, 강의로 이어지진 않았다.

하나의 과정을 수료했다고 해서 곧바로 강의를 할 수 있는 건 아니었다. 함께 공부한 사람들 중 나를 포함한 대부분은 그저 공부해보고 싶어 참여한 사람들이었다. 프리랜서 강사라는 직업이 무엇인지 몰랐고, 그 일을 할 수 있을지 자신도 없었다.

그리고 한 달쯤 지났을까. 강사 과정을 주관했던 교육원의 대표에게서 문자 메시지 하나를 받았다.

"강의해 보실래요?"

짧은 한 줄이었다. 문자를 읽는 순간, 가슴이 요동쳤다. 번아웃을 경험한 이후, 다시 사람을 만나 일을 하는 건 불가능하다고 생각하며, 소심하고 무기력한 하루를 보내던 때였다. 느릿느릿 죽어 가던 내 심장이 소리치고 있었다.

'정신 차려. 넌 아직 살아 있어.'

강의를? 내가? 내가 강의할 사람으로 보였다는 걸까. 기분은 좋았지만, 동시에 말도 안 된다고 생각했다. 내가 갑자기 무슨 강의를 한단 말인가. 나는 그저 입시 영어를 가르치던 학원 강사일 뿐이었다. 제안을 정중히 거절하고, 읽던 책을 다시 집어 들었다. 그러나 글자가 눈에 들어올리 없었다. 머릿속에서는 이미 무대 위에 선 내 모습이 펼쳐지고 있었다. 청중을 바라보는 나, 요동치는 심장, 두근거리는 감각. 상상 속의 나는 당당했고, 이상하리만큼 아름다웠다. 하지만 어디서부터 시작해야 할지는 전혀 알 수 없었다.

봄이 지나 여름이 올 무렵까지도, 나는 그 두근거림을 애써 무시한 채 그저 그런 일상을 살아내고 있었다. 하지만 내일을 모르는 게 인생의 재미라고 했던가. 그해 가을, 나는 운명처럼 프리랜서 강사가 되었다. 매주 독서 모임을 함께하던 한 선생님의 추천으로 인권 강사 양성 과정을 듣게 되었는데, 호기심에 시작한 공부가 그 시작이었다.

인권 강사가 되겠다는 뚜렷한 목표가 있어서라기보다는, '인권'이란 도대체 무엇인지가 궁금해 3개월 동안 인권을 공부했다. 커리큘럼에 따라 공부하고, 강의를 만들고, 시연까지 마쳤다. 그리고 고등학교 세 곳에서 강의하게 되었다.

첫 번째 학교에서 강의했던 날의 막막함과 **설렘이 뒤섞인 긴장감**은 아직도 생생하다. 2019년 11월 3일. 나의 첫 인권 강의는 ○○고등학교 3학년 아이들과 함께 시작되었다. 졸업 후 취업을 계획 중이던 그들 대부분은 이미 아르바이트 경험이 있었고, 청소년이라는 이유로 부당한 일을 겪었다고 말했다. 주휴수당을 받지 못한 남학생, 이유도 모른 채 갑자기 일자리를 잃었던 여학생. 나는 그들에게 노동법을 설명했고, 노동인권 감수성에 대해 조심스럽게 이야기를 건넸다.

하지만 수능을 마친 뒤 의욕을 잃은 아이들은 책상에 엎드린 채 아무런 반응도 보이지 않았다. 깨어 있는 세 명의 아이를 향해 인권 이야기를 이어갔다. 그러던 중 한 시간이 지나자, 하나둘 아이들이 고개를 들기 시작했다. 그리고 질문이 쏟아졌다. 자기 경험을 꺼내놓으며 궁금한 것들을 묻기 시작했다. 교실 가득, 아이들의 눈이 나를 향해 반짝였다.

'누군가의 삶에 실질적인 도움이 되는 교육을 하고 싶다.'라는 생각이 나를 움직이게 했다. 닥치는 대로 공부했고, 대학원에서 교육학을 전공했다. 보수를 따지지 않고 많은 강의에 도전했다. 그렇게 6년을 달려, 이제 나는 강사를 양성하는 강의도 하고 있다. 배운 것을 다시 돌려주는 이 재미있는 일. '강의'는 이제 내 일이자 삶이 되었다.

강사가 되는 길은 매우 다양하다. 나처럼 우연한 기회로 시작하는 사람도 있고, 강사 양성 에이전시를 통해 체계적인 교육을 받고 데뷔하는 사람도 있다. 누군가는 본업으로, 또 누군가는 부업으로 강사의 삶을 살아간다.

강사가 되는 과정에는 정답도, 지름길도 없다. 자신의 경력과 상황에 맞는 방법을 선택하고, 공부하고, 강의하고, 다시 수정하는 과정을 반복하다 보면 어느새 강사의 길 위에 서 있을 뿐이다. 처음 1년 동안 나는 의욕에 불타는 '호구'를 자처했다. 조급함에 불필요한 공부를 하기도 했고, 잘못된 관계 속에서 시간을 허비하기도 했다. 그리고 이제야, 그때는 보이지 않던 것들이 조금씩 보이기 시작했다.

혹시 나처럼 갑자기 강사가 되어 방황하고 있는 사람이 있다면, 나는 그들에게 말해주고 싶다. 시간과 노력을 무작정 쏟지 않아도, 강사가 되는 방법이 있다고. 물론 실수하며 부딪히는 시간도 값지다. 하지만 열정 가득한 초보 강사들이 미리 알아두면 좋을 것들을 조금만 일찍 알았다면, 더 빠르고 단단하게 성장할 수 있지 않을까.

삶은 늘 예상과 다르게 흐른다. 열심히 노력해도 일이 잘 풀리지 않았고, 강사 수입만으로 버티기 힘든 시간도 있었다. 생활을 위해 다른 일을 병행해야 했지만, 한 달에 몇 건의 강의라도 감사한 마음으로 이어갔다. 그리고 프리랜서 강사가 된 지 7년 차인 올해, 나의 수입은 처음 강사 활동을 시작했을 때의 거의 열 배에 가까워졌다.

이 책에는 이제 막 강의에 입문한 강사들을 위해, 그동안의 실패와 성공의 경험을 솔직하게 담았다. 누군가에게는 길이 되고, 누군가의 시행착오를 줄여주는 안내서가 되기를 바란다. 당신도 청중을 사로잡는 매력적인 강사가 될 수 있다.

자, 이제 시작이다.

목차

프로강사의 말하기, 무엇이 다른가

강사는 어떻게 지속될 수 있는가

어떤 강사로 기억될 것인가

STEP 1

강사란 무엇인가

먼저 강사가 수행해야 할 핵심 역할을 전달자, 설계자, 변화의 촉진자로 나누어 살펴보며, 강의가 단순한 말하기가 아니라 하나의 '변화 설계'라는 점을 분명히 확인합니다. 이어서 '말을 잘하는 사람'과 '가르치는 사람'의 차이를 짚고, 강의를 지탱하는 나만의 교육 철학이 왜 필요한지, 그것이 강사의 색깔과 방향을 어떻게 만들어 주는지도 함께 다룹니다.

STEP 1의 핵심은 강의를 기술이 아닌 '방향'으로 바라보는 관점입니다.

읽어 나가며 질문을 스스로에게 던져 보시기 바랍니다.

> **" 나는 어떤 강사가 되고 싶은가? "**

> **" 내 강의가 지향하는 철학은 무엇인가? "**

변화를 설계해 성장을 이끄는 사람

강사란 무엇일까요?

강사라는 직업은 단순히 앞에 서서 말을 잘하는 사람이 아닙니다.

강사는 다른 사람들 앞에서 무언가를 전달하는 사람입니다. 그래서 우리는 흔히, 말을 잘하는 사람만이 강사가 될 수 있다고 생각합니다. 실제로 말하기 능력은 강사에게 매우 중요한 기본 조건이 맞습니다. 하지만 여기서 한 번 짚어볼 필요가 있습니다. 우리가 말하는 '말을 잘한다.'라는 것은 과연 어떤 의미일까요?

말을 정말 재밌게 하는 개그맨은 모두 훌륭한 강사가 될 수 있을까요? 말을 재미있게 한다는 것과 누군가를 배우게 만든다는 것은 다릅니다.

개그맨의 말은 웃음을 끌어내는 데 탁월하지만, 강사의 말은 이해와 변화를 목표로 합니다. 웃음은 집중을 돕는 도구가 될 수는 있어도, 그 자체가 강의의 목적이 될 수는 없습니다. 강의가 끝난 뒤 '재밌었다.'라는 말만 남고, 무엇을 배우고 어떻게 달라져야 하는지가 남지 않는다면 좋은 강의라고 하기는 어렵습니다.

또 다른 예도 있습니다. 말을 논리적으로, 또박또박 잘하는 사람이라고 해서 모두 좋은 강사가 되는 것은 아닙니다. 설명은 정확했지만 어렵게 느껴지거나, 듣는 사람의 수준과 상황을 고려하지 못해 결국 실천으로 이어지지 않는 경우도 많습니다. 강사의 말하기는 **잘 말하는 기술**이 아니라, **상대가 이해하고 움직이게 만드는 방식**에 더 가깝습니다. 강사의 말하기는 상대가 **배울 수 있도록 설계**하고 이끌어야 합니다.

강사라는 단어를 들으면, 많은 사람이 김창옥이나 김미경 같은 유명 강연자나 유튜버를 떠올립니다. 하지만 실제 현장에서 활동하는 강사의 모습은 그와는 조금 다릅니다. 강사는 누군가의 삶에 실질적으로 도움이 되는 내용을 고민합니다. 그리고 그 내용을 듣는 사람의 수준과 상황에 맞게 풀어내며, 교육이 끝난 뒤 그 사람이 조금이라도 나아지기를 바라며 준비하는 사람입니다. 한마디로 정의하기는 어렵지만, 강사의 역할에는 분명한 공통점이 있습니다. 전달자이자 설계자이며, 동시에 변화의 촉진자라는 점입니다. 강사라면 누구나 스스로 점검해야 할 기본입니다.

강사는 '전달자'입니다

강사의 역할을 떠올리면 가장 먼저 생각나는 것은 지식이나 정보를 전달하는 일입니다. 그래서 강사는 말을 잘하고 설명을 잘해야 하는 사람이라고 여기기 쉽습니다. 하지만 여기서 말하는 전달은 단순한 설명을 뜻하지 않습니다.

전달을 잘한다는 것은 무엇일까요?

강의실에서 말을 많이 한다고 해서 전달이 잘되는 것은 아닙니다. 전달이란, 상대가 알아들을 수 있도록 돕고, 그 내용이 자기 일처럼 느껴지게 만들며, 결국 행동으로 이어질 수 있도록 자극하는 일입니다. 이 관점에서 보면 전달자는 '많이 말하는 사람'이 아니라, '이해가 일어나도록 돕는 사람'에 가깝습니다. 아무리 전문 지식이 많아도 상대가 이해하지 못한다면 그 지식은 전달되지 않은 것이나 마찬가지입니다. 그래서 강사에게는 어려운 말을 쉽게 풀어주고, 듣는 사람의 관점에서 설명하는 능력이 중요합니다.

또한 강사는 말로만 설명하는 사람이 아닙니다. 그 말이 상대의 생각을 건드리고, 관점을 바꾸며, 행동까지 끌어낼 수 있어야 합니다. 강사의 전달은 용어의 해석이나 단순한 의미 전달이 아니라, 듣는 사람의 경험과 삶으로 이어지는 **연결어**에 가깝습니다.

많은 초보 강사들이 흔히 저지르는 실수 중 하나는 용어 설명에 지나치게 많은 시간을 할애하는 것입니다. 하지만 용어의 뜻을 설명하는 것 자체가 강의의 목적은 아닙니다. 핵심 메시지를 전달하기 위한 도움의 연결어가 아니라 목적 그 자체가 되는 순간, 강의는 지루해지고 강사는 순식간에 초보임이 드러납니다. 용어는 가볍게 짚고, 다시 강의의 흐름으로 돌아와야 합니다.

나의 언어가 상대의 삶과 연결될 수 있도록 먼저 고민하고, 강의를 듣는 청중이 스스로 생각하고 움직이게 만드는 것. 이것이 전달자로서 강사가 해야 할 일입니다. 전달자는 말을 많이 하는 사람이 아니라, 이해가 시작되도록 돕는 사람입니다. 그래서 강사의 첫 번째 역할은 지식을 늘어놓는 것이 아니라, 배움이 시작되는 지점을 만들어 주는 일입니다.

강사는 '설계자'입니다

강의는 말을 잘한다고 해서 완성되는 일이 아닙니다. 어떤 대상에게, 어떤 흐름으로, 어떤 방식으로 가르칠 것인지를 미리 설계하는 능력이 강사의 실력을 가늠하는 기준이 됩니다.

대상에 따라 접근 방식이 완전히 달라지는 이유도 여기에 있습니다. 예를 들어 같은 내용을 설명하더라도, 시험을 앞둔 10대 학생에게는 정답과 구조가 분명한 설명이 필요하고, 직장인에게는 현장에서 바로 써먹을 수 있는 사례가 더 효과적입니다. 또 60대 교육생에게는 속도와 용어를 조절하고, 자기 경험을 떠올릴 수 있는 공감의 이야기가 중요합니다. 결국 강의의 효과는 그 대상에 맞게 얼마나 세심하게 기획되었는지에 달려 있습니다.

설계가 잘된 강의는 처음부터 끝까지 자연스럽게 이어집니다. 도입에서는 '왜 이걸 들어야 하는지'를 알게 하고, 중간에서는 흐름을 놓치지 않도록 돕고, 마무리에서는 '그래서 무엇을 하면 되는지'가 분명해집니다. 이러한 흐름을 만들기 위해 강사는 시간 배분, 자료 구성, 활동 설계까지 촘촘히 준비해야 합니다.

그래서 좋은 강사는 '무엇을 가르칠지'보다 '어떻게 가르칠지'를 더 많이 고민합니다. 강의는 즉흥적인 말솜씨가 아니라, 철저한 준비와 설계가 만들어낸 결과입니다.

강사는 '변화의 촉진자'입니다

교육은 듣고 끝나는 게 아니라, 듣고 나서 달라지는 게 목표입니다. 그 변화가 크든 작든, 강의 전과 후에 수강생에게 무언가 남는다면, 그 강의는 제 역할을 한 겁니다. 강사는 이 변화를 유도하는 사람입니다. 듣는 사람의 생각을 자극하고, 자기 삶을 돌아보게 만들고, 작게라도 행동을 바꾸게 하는 것. 그게 강사가 해야 할 마지막 역할입니다. 여기에서 초보 강사와 경력 강사로 나눠진다고 볼 수 있습니다.

이런 변화를 만들기 위해선 강사 자신도 유연하고 열려 있어야 합니다. 항상 같은 내용을 같은 방식으로 전달하는 게 아니라, 상황에 따라 조정하고, 수강자들의 반응에 귀 기울이며, 더 나은 방식이 있다면 배우고 바꾸려는 자세가 필요합니다. 말을 물가로 끌고 가서 스스로 물을 마시게 하는 것은 결코 쉬운 일이 아닙니다. 하지만 강사가 되기로 마음을 먹었다면 반드시 해내야 할 과제이기도 합니다. 수강생의 삶을 한 번쯤 생각해 보는 강사, 그 안에서 도움이 될 수 있는 내용을 고민하세요. 진심은 방법을 만들어냅니다. 수강생의 성장을 진심으로 고민하는 태도가 강의를 바꾸고, 결국 사람을 바꾸는 힘이 됩니다.

강사는 지식을 쌓은 사람이 아니라, 지식을 나눌 준비가 된 사람입니다. 사람을 가르치는 사람이 아니라 사람을 돕는 사람입니다. 이제부터 우리는 강사의 역할을 하나하나 점검하면서, 어떤 부분을 더 강화하고, 어떻게 준비해야 하는지를 함께 살펴보려 합니다. 말 잘하는 법보다 더 중요한 것들이 있다는 걸, 차근차근 확인하게 될 것입니다.

잘 말하는 강사
vs 잘 변화시키는 강사

우리 주변에는 특별한 말하기 교육을 받지 않아도 말을 매우 잘하는 사람들이 있습니다. 이들은 자연스럽게 분위기를 이끌고, 적절한 농담과 예시로 사람들의 시선을 붙잡습니다. 이런 모습을 보다 보면 '저 정도면 지금 당장 강사를 해도 되지 않을까?'라는 생각이 들기도 합니다. 그렇다면 정말 말을 잘하면 강사가 될 수 있을까요. 이 질문은 강사의 역할을 다시 생각하게 만드는 출발점입니다.

말을 잘하는 것은 분명 강사에게 중요한 자산입니다. 강의는 일정 시간 동안 말을 통해 지식과 메시지를 전달하는 활동이기 때문입니다. 말이 매끄럽고 표현이 풍부한 강의는 듣는 사람의 집중력을 높입니다. 특히 강의를 처음 접하는 수강생에게는 이러한 요소가 강의 전반에 대한 긍정적인 인상을 남깁니다. 실제로 입담이 좋은 강사의 강의는 시간이 빠르게 지나가고, 강의실 분위기도 활기를 띱니다.

그러나 강의가 끝난 뒤 수강생에게 이런 질문을 던져 보면, 기대와는 다른 반응을 접하게 되는 경우도 많습니다.

"오늘 강의 어떠셨어요?"
"잘 기억은 안 나는데, 재밌긴 했어요."

이 대답은 교육의 본질을 되짚게 만드는 중요한 단서입니다. 강의는 분명 재미있었지만, 기억에 남은 내용이나 이후에 활용할 수 있는 배움은 떠오르지 않는 상태입니다. 여기서 우리는 한 가지 질문을 다시 던지게 됩니다. **말을 잘하는 것과 가르치는 것은 과연 같은 일일까요.**

말을 잘하는 사람은 청중의 주의를 끄는 데 능숙합니다. 이야기의 흐름을 자연스럽게 구성하고, 상황에 맞는 예시와 유머로 분위기를 조절합니다. 듣는 사람은 지루할 틈 없이 강의를 따라가게 됩니다. 그러나 이러한 능력은 '관심을 끄는 힘'이지, 반드시 '이해를 만드는 힘'은 아닙니다. 강사의 역할이 흥미를 유발하는 데서 멈춘다면, 강의는 하나의 이벤트로 끝날 가능성이 큽니다.

모든 강의에는 명확한 **교육 목표**가 있습니다. 수강생이 무엇을 알게 되어야 하는지, 무엇을 할 수 있게 되어야 하는지, 어떤 관점의 변화를 경험해야 하는지가 분명해야 합니다. 이 목표가 달성되지 않았다면, 아무리 재미있었던 강의라도 미완성입니다.

교육은 재미있을 때 효과가 높아집니다. 하지만 재미 자체가 교육의 목적은 아닙니다. 교육은 흘러가는 말이 아니라, **남아야 할 말**입니다. 강의가 끝난 뒤에도 학습자의 생각이나 행동에 작은 변화라도 만들어야 교육이라고 할 수 있습니다. 웃음은 순간이지만, 변화는 지속됩니다.

가르치는 사람은 자신의 말솜씨보다 학습자의 이해를 중심에 둡니다. 때로는 설명이 느려지고, 같은 내용을 여러 번 반복해야 할 때도 있습니다. 그러나 이는 능력 부족이 아니라 교육에 대한 책임감의 표현입니다. 학습자의 반응을 살피며 구조를 조정하고, 이해되지 않은 지점을 다시 풀어 설명하는 과정에는 인내와 분석력이 필요합니다. 또한 상대의 수준과 상황을 고려하는 공감 능력도 중요합니다.

그래서 강사는 사람의 감정을 움직이는 사람이기 전에, **사람을 이해시키는 사람**이어야 합니다. 감탄을 남기는 사람이 아니라, 스스로 생각해 볼 질문과 깨달음을 남기는 사람이어야 합니다. 그리고 여기에 감동이 더해질 때 교육은 오래 기억됩니다. 이 기준은 강의장에 서 있는 순간뿐 아니라, 강의를 기획하고 자료를 준비하는 모든 시간 동안 유지되어야 할 원칙입니다.

교육 현장에서 강의를 평가하는 기준은 분명합니다. 얼마나 재미있었는가가 아니라, 얼마나 내 것이 되었는가입니다. 강의의 속도와 전달력도 중요하지만, 궁극적으로는 학습자의 머릿속에 무엇이 남았는지가 강의의 가치를 결정합니다. 수강생이 강의 내용을 자신의 언어로 설명할 수 있는지, 실제 상황에 적용할 수 있는지가 핵심입니다.

말을 잘하는 사람은 자신의 이야기를 중심으로 강의를 이끌어 갑니다. 반면, 가르치는 사람은 학습자의 이해도를 기준으로 강의의 방향과 속도를 조절합니다. 전자는 무대를 잘 꾸미는 사람이라면, 후자는 '이해'라는 목적지에 함께 도달하도록 돕는 사람입니다. 이 차이는 강의가 끝난 뒤 시간이 지나면서 더욱 분명해집니다.

강사의 말은 정확하고 명료해야 합니다. 그러나 말솜씨는 목적이 아니라 도구일 뿐입니다. 중요한 것은 그 말이 학습자의 생각과 행동에 어떤 영향을 미쳤는가입니다.

말을 잘하는 사람은 기억에 남고, 가르치는 사람은 삶에 남습니다.

강사의 길을 선택했다면 목표가 분명해야 합니다. 내가 하고 싶은 말을 잘하는 사람이 될 것인지, 아니면 상대가 배워야 할 것을 끝까지 전하는 사람이 될 것인지 스스로에게 질문해 보세요. 조금 천천히 가더라도 '강의 기술'을 익히는 데서 멈추지 않고, '교육의 본질'에 가까이 다가갈 때 비로소 우리는 강사라고 불릴 수 있습니다.

교육은 철학에서 출발한다

강의란, 그저 지식을 나누는 일이 아닙니다. "또 그 소리~" 귀에 딱지 앉을 지경인가요?

강사는 단지 지식을 전달하는 도구가 아니라, 그 지식이 어떻게 사람에게 닿고, 어떤 방식으로 영향을 미치기를 바라는지를 고민하는 사람입니다. 그 바탕에는 반드시 '철학'이 있어야 합니다.

말을 잘하는 기술, 교안 구성, 발표력, 시각 자료 디자인 등은 모두 기술입니다. 하지만 이 모든 기술은 결국 '어떤 방향으로 교육하고 싶은가' 라는 생각 위에 쌓여야 의미가 있는데요. 강사라면 반드시 가져야 할 그것! 바로 강의 철학입니다.

강의 철학은 거창한 이념이 아니라, 다음과 같은 단순한 질문에서 시작합니다.

- 나는 왜 이 주제로 강의하고 있는가?
- 이 강의를 통해 사람들에게 어떤 '변화'를 기대하는가?
- 내 강의에서 가장 중요하게 여기는 가치는 무엇인가?

예를 들어, 어떤 강사는 '배움은 재미있어야 한다'라는 철학을 가지고 있어 모든 강의를 즐겁고 유쾌하게 만듭니다. 또 어떤 강사는 '실제 적용이 가능해야 한다'라는 신념 아래 현실적인 예시와 실습 위주로 수업을 구성합니다.

강의 철학은 수업의 구성뿐 아니라, 강사의 태도, 전달 방식, 피드백 방식, 수강생과의 거리까지 결정짓습니다. 즉, 강사의 철학은 그 강사의 '색깔'을 만드는 출발점입니다.

'나의 강의는 어떤 방향을 가지고 있는가?' 스스로 질문해 본 적 있나요?

제 프로필 중 한 페이지입니다. 강사로서의 저의 철학, 즉 교육의 방향을 기록해 둔 페이지입니다. 매 강의에서 단 한 가지 생각의 변화를 남겨보자는 마음으로 일하고 살아가는 저인데요. 교육 관계자와 강의 일정을 잡고 콘텐츠를 논의할 때 꼭 물어보는 것이 있습니다. '이 교육을 왜 하십니까?'라는 질문입니다. 대화 속에서 구체적인 이유와 목표를 알아내고, 거기에 저의 교육 철학을 더하면 짧은 통화가 이어지는 가운데 어떤 도구를 쓰고, 어떤 워크시트를 쓸지 대략 그림이 그려집니다.

비슷한 도구와 콘텐츠 속에서 기준(교육 철학)이 명확한 강사는 특별한 교육을 만들어냅니다. 나만의 강의에 차별점이 생기는 순간입니다.

강사의 철학은 '교육'에 대한 방향을 말합니다

정보 중심의 강의, 감정 중심의 강의, 성찰 중심의 강의, 실습 중심의 강의… 어느 쪽이든 좋습니다. 중요한 것은 '나는 왜 이 방식을 선택했는가'입니다.

'효율성'을 우선하는 강사는 1분도 낭비 없이 정보를 밀도 있게 구성합니다. '관계'를 중시하는 강사는 질문과 대화를 많이 나누고, 수강생의 이야기에 귀를 기울입니다. '성장'을 강조하는 강사는 실수도 교육 일부라고 보고, 실패를 격려합니다.

강사의 철학은 결국 강의 안에 있는 모든 선택의 기준이 됩니다.

철학 없는 강의는 기술로 완성되지 않는다

한때 강의를 준비할 때 이런 생각이 들었습니다.

'어떻게 하면 수강생들이 집중할까?'
'이 사례가 재미있을까?'
'시간 배분은 괜찮을까?'

그러나 시간이 지날수록 이런 질문들이 더 중요하게 느껴졌습니다.

'내가 이 주제를 왜 가르치고 있는가?'

'지금 이 말이 정말 수강생에게 도움이 되는가?'

'나는 이 교육을 통해 무엇을 남기고 싶은가?'

강의 철학이 정립되면, 강의의 중심이 잡힙니다. 중심이 생기면 유행을 좇지 않고, 내 경험을 강의에 녹여낼 수 있습니다. 이제 진짜 내 강의가 되는 순간입니다. 철학이 정립되어야 다른 강사와 비교하지 않고, 나만의 길을 갈 수 있습니다.

교육철학! 나만의 문장으로 정리해 보세요

Q **당신의 강의 철학은 어떤 문장으로 표현될 수 있을까요?**

_____

_____

다음은 실제 강사들이 자기 철학을 한 문장으로 정리한 예입니다.

- 배움은 성장을 위한 도구이며, 나는 그 길을 함께 걷는 안내자다.
- 내 강의는 지식보다 태도를 남기고 싶다.

- 교육은 삶을 바꾸는 시작점이다. 그래서 나는 진지하다.
- 배운 것을 실천하지 않으면 아무 일도 일어나지 않는다.

'당신의 강의 철학은 어떤 문장으로 표현될 수 있을까요?'란 질문에 답을 찾는 일은 앞으로의 모든 강의 준비를 더 단단하게 해줄 것입니다.

기술은 익힐 수 있지만, 철학은 '정립'해야 합니다.

강사의 철학은 단순한 가치관이 아닙니다. 그것은 강의의 방향이자, 강사의 존재 이유를 설명하는 문장입니다. 그러니 지금, 잠시 멈춰 답을 찾아보세요.

Q 나는 왜 강의하는가?

_____

_____

Q 내 강의가 세상에 던지는 메시지는 무엇인가?

_____

_____

가장 나다운 강의, 가장 진심이 닿는 강의는 언제나 '왜'라는 질문에서 시작됩니다.

오늘, 당신의 강의 철학은 무엇입니까?

품격있는 강사의 네 가지 태도

04

강의할수록 화려한 표현력이나 완벽한 자료만으로는 좋은 강의가 완성되지 않는다는 사실을 분명히 알게 됩니다.

강의가 사람에게 남는 것은 단순히 내용을 얼마나 잘 설명했느냐가 아니라, 그 설명을 통해 변화를 끌어낸 강사의 태도와 자질, 그리고 그 안에 담긴 진정성의 깊이라는 걸 기억해야 합니다.

1. 관찰 - 눈으로 읽는 사람

수강생의 표정, 시선이 머무는 지점, 페이지를 넘기는 속도, 가끔은 멍하니 먼 곳을 바라보는 순간까지. 이 모든 장면은 지금 강의가 어떻게 흘러가고 있는지를 알려주는 신호입니다.

예를 들어, 강의 중 한 수강생이 연신 메모하고 있다면 저는 속도를 조금 늦추고 예시를 더 풀어 설명합니다. 강의가 끝난 뒤 '필기할 시간이 충분해서 좋았다.'라는 피드백을 들었을 때, 관찰이 강의의 흐름을 얼마나 바꿀 수 있는지를 다시 한번 느낍니다.

강사는 강의안을 읽는 사람이 아니라, 눈앞에 앉아 있는 사람을 읽는 사람이어야 합니다

2. 공감 – 함께 걷는 사람

강사는 지시하는 사람이 아니라 함께 걷는 사람입니다.

강의는 정보를 전달하는 시간이기도 하지만, 그보다 먼저 사람과 사람 사이의 관계가 만들어지는 자리입니다. "이렇게 하세요."라는 말은 명확하지만, "저도 그 어려움 압니다."라는 말은 듣는 사람의 마음을 먼저 움직입니다.

강의에서 공감이 시작되면 수강생은 긴장을 풀고, 평가받는 자리가 아니라 이해받는 자리라고 느끼며 마음을 열게 됩니다. 마음이 열려야 질문이 나오고, 질문이 나와야 배움은 깊어집니다. 공감은 강사와 수강생 사이에 신뢰를 세우는 가장 빠른 길이며, 그 신뢰 위에서 강의는 일방적인 전달이 아니라 함께 나아가는 시간이 됩니다.

수강생이 "이 사람은 나를 가르치려는 사람이 아니라, 내 옆에서 함께 걷고 있다."고 느끼는 순간, 강의는 비로소 진짜 시작됩니다.

3. 유연함 – 방향을 조정할 수 있는 사람

강의 계획서는 목적지에 이르는 지도와 같습니다.

지도는 길을 알려줄 뿐, 반드시 그 길로만 가야 한다는 뜻은 아닙니다. 수강생이 빠르게 이해하면 더 깊이 들어가고, 어려워하면 속도를 늦추거나 다른 예시를 꺼내야 할 때도 있습니다. 오히려 준비한 대로만 밀어붙이는 강의는 안전할 수는 있지만, 무미건조한 여행이 되기 쉽습니다.

흐름을 읽고 방향을 조정할 수 있는 유연함은 강사의 큰 무기입니다. 흐름이 바뀌는 순간, 수강생은 이 강의가 '내 상황에 맞춰져 있다'고 느끼게 됩니다.

강의는 강사의 것이 아니라 그 자리에 있는 모든 사람의 것입니다.

4. 배움 – 강사도 여전히 배우는 사람

강의를 오래 하다 보면 슬그머니 찾아오는 함정이 있습니다. '이 정도면 충분하다.'라는 안일함입니다. 그러나 강사가 배움을 멈추는 순간, 강의는 어제의 이야기만 반복하게 됩니다.

세상은 변하고, 수강생의 눈높이와 관심사도 함께 변합니다. 배움을 멈추지 않는 강사만이 강의에 지금 이 순간의 생명력을 불어넣을 수 있습니다. 책을 읽고, 현장의 이야기를 듣고, 다른 강의를 경험하는 모든 시간이 결국 내 강의를 새롭게 만드는 자양분이 됩니다.

좋은 강의는 하루아침에 만들어지지 않습니다. 그 뒤에는 수없이 다듬은 문장과 고쳐 쓴 설명이 있습니다. 그리고 강사로서 자질을 스스로 점검하고, 그 노력을 멈추지 않으려는 태도가 있습니다.

관찰, 공감, 유연함, 그리고 배움을 멈추지 않는 자세. 이 네 가지는 매 순간 자신을 돌아보며 다듬어야 할 강사의 기본 태도입니다. 이 중심이 단단할수록 강의는 단순한 지식 전달을 넘어, 사람의 생각과 행동을 변화시키는 경험이 됩니다.

좋은 강의는 강사의 언어만으로 만들어지지 않습니다. 그것은 강사의 눈과 마음, 그리고 태도에서부터 시작됩니다.

사람을 변화시키는 진짜 인플루언서

05

하나의 강의가 완료될 때, 강사의 영향력은 반드시 발생합니다. 크든 작든, 긍정적이든 혹은 아주 부정적이든 말입니다.

짧게는 1시간에서 길게는 며칠, 몇 달을 교류하는 과정에서 당연한 결과이죠. 강의의 결과는 단순히 '잘 가르쳤다'라는 평가로 끝나지 않습니다. 그 힘은 한 사람의 생각을 움직이고, 행동을 바꾸며, 때로는 한 집단의 분위기까지 바꿔놓습니다. 누군가는 강의를 듣고 퇴근 후 습관을 바꾸기도 하고, 누군가는 오래 미뤄온 결심을 행동으로 옮기기도 합니다.

이런 변화는 결코 우연이나 즉흥에서 탄생하지 않습니다. 언뜻 보면 자연스럽게 흘러가는 것 같아도, 그 이면에는 치밀하게 설계된 하나의 '시나리오'가 있습니다. 훌륭한 강사는 단순한 발표자가 아닙니다. 그들은 무대 위에서 한 편의 이야기를 지휘하는 감독이자 연출가입니다.

정보 전달 vs 변화 전달

처음 인사와 아이스브레이킹으로 공간의 공기를 풀고, 적절한 예시와 질문으로 몰입도를 끌어올립니다. 강의가 무르익을수록 수강생 스스로 생각을 정리하고 결론에 도달하도록 유도합니다.

마지막에는 잔잔하지만 오래 남는 메시지를 던져, 강의실 문을 나선 후에도 마음속에서 계속 대화가 이어지게 합니다. 모든 장면이 하나의 흐름 안에서 이어질 때, 강의는 '정보 전달'에서 '영향력 행사'로 변모합니다. 하나의 잘 기획된 강의는 무대 위 연극의 연출과 놀라울 만큼 닮았습니다.

연극에서는 배우의 대사 타이밍, 조명의 색과 밝기, 장면 전환의 호흡, 심지어 관객의 시선까지 철저하게 계산되는데요. 강사 역시 같은 고민을 합니다.

어떤 순서로 내용을 배치할지, 어느 시점에서 웃음을 터뜨려 긴장을 풀지, 어느 순간에 감정을 환기해 집중을 끌어올릴지, 또 언제 질문을 던져 생각의 흐름을 잠시 멈추게 할지를 정밀하게 설계합니다.

목표는 단 하나, 강의가 끝난 이후에도 개인과 집단이 '그때 들은 이야기'를 행동으로 옮기게 만드는 것입니다.

영향력은 화려한 언변보다도 정교한 기획 속에서 크게 자라납니다. 내용의 깊이, 전달 방식, 시간 배분, 참여 유도, 감정의 흐름, 자료의 사용까지. 모든 요소가 하나의 완성된 그림 속에서 맞물려야 합니다.

그림 없이 시작하는 강의는 방향 없는 배와 같아, 처음엔 잘 나아가는 것 같아도 결국 흐름을 잃고 흩어져 버립니다. 반대로, 설계가 탄탄한 강의는 예측할 수 있는 성공뿐 아니라, 예상치 못한 감동까지 만들어냅니다.

혹시, ppt 한 장, 한 장에 기대어 전체 흐름을 놓치고 있진 않나요? 준비된 강의의 양이 너무 많아 중간에 여러 장의 장표를 스킵하고 있진 않나요? 반대로 준비한 강의가 너무 일찍 끝나 진땀을 뺀 경험을 하셨을지 모릅니다. 이런 상황은 잘 설계된 강의에선 절대 일어나지 않습니다.

이제 다음 장에서는 강사의 영향력을 현실로 만드는 '강의 기획의 기술'을 살펴보려 합니다. 강의가 시작되기 훨씬 전, 아직 무대의 조명이 켜지기 전, 이미 승부가 결정되는 그 순간들. 그 치밀한 준비의 세계로 여러분을 안내하겠습니다.

STEP 2
좋은 강의는 어떻게 만들어지는가

STEP 2는 '좋은 강의가 어떻게 설계되는가'를 기획의 관점에서 다루는 단계입니다.

좋은 강의는 말재주나 경험의 양에서 시작되지 않습니다. 누구를 대상으로, 무엇을 변화시키기 위한 강의인지가 분명할 때 비로소 완성도가 생깁니다.

이 단계에서는 강의를 시작하기 전 반드시 점검해야 할 학습자 분석과 목표 설정을 중심으로, 수강생의 수준과 니즈를 읽는 방법, 흐름이 보이는 커리큘럼 구성과 현실적인 시간 배분 전략을 살펴봅니다. 또한 '잘 준비된 강의'와 '성과가 남는 강의'의 차이를 구체적으로 짚어 봅니다.

STEP 2의 핵심은 강의를 즉흥이 아닌 설계의 결과물로 만드는 것입니다.

읽어 나가며 스스로에게 질문해 보시기 바랍니다.

" 이 강의는 누구를 위한 것인가? "

" 강의가 끝난 뒤, 수강생은 무엇을 할 수 있어야 하는가? "

학습자와 목표에서 출발하는 강의 기획

01

강의를 준비할 때 가장 먼저 해야 할 일은 '내가 무엇을 전달할까?'가 아닙니다. 진짜 출발점은 '누구에게, 어떤 변화를 만들어내기 위해' 강의하는가를 분명히 하는 것입니다. 강의 준비의 시작은 '학습자 분석'입니다.

왜 학습자 분석이 제일 먼저일까요? 학습자에 대한 이해 없이는 어떤 좋은 내용도 제자리걸음 하기 쉽습니다. 대상 학습자의 나이, 업무 경험, 관심사, 배경지식, 학습 동기 등은 강의의 방향과 깊이를 결정하는 나침반 역할을 합니다. 신입사원과 경력자, 혹은 대학생과 직장인이 같은 강의를 들어도 받아들이는 태도와 필요한 내용은 크게 다를 수밖에 없습니다.

이런 이유로, 강의를 기획하는 첫걸음은 철저한 학습자 분석이어야 하는데요. 처음 강의 의뢰받는 통화에서 꼭 해야 하는 질문인데요. 수강생은 누구인지, 왜 이 교육을 하게 되었는지 등을 꼭 확인합니다.

학습자들이 '어디서 출발하는지' 알면, 그다음에 '어디로 가야 하는지'
도 명확해집니다.

- 학습자는 누구인가?
- 학습 목표는 무엇인가?
- 이 강의를 듣고 나서 학습자가 무엇을 할 수 있게 될까?

막연히 '정보를 알려준다'라는 것보다, '실제 적용할 수 있는 행동 변화'
에 무게를 둬야 합니다. 예를 들어 "○○의 개념을 설명할 수 있다." 혹은
"○○ 기법을 활용해 문제를 해결할 수 있다."와 같이 명확하고 측정할
수 있는 목표가 필요합니다.

강의 환경과 제약조건은 무엇인가?

강의 시간, 장소, 온라인 여부, 수강생 수 등 물리적 환경부터 학습자
들의 시간과 동기 제약까지 고려해야 합니다.

예컨대, 온라인 강의라면 시청자의 집중력을 유지하는 요소를 더 넣어
야 하고, 제한된 시간 내에 핵심을 전달하는 연출도 달라집니다.

학습자들이 강의에 대해 가진 기대와 실제 제약을 파악하지 않으면,
강의가 그들 요구와 어긋날 위험이 큽니다. 사전에 이 부분을 명확히 하

고 조율하는 과정이 꼭 필요합니다.

성과를 어떻게 확인할 것인가?

강의가 끝난 뒤 목표가 제대로 달성되었는지 평가할 방법도 함께 고민해야 합니다. 수강생들의 이해 정도를 확인하는 방법은 다양합니다. 수업 중간중간 진행하는 퀴즈, 토론, 실습, 피드백 등이 모두 평가의 일부가 됩니다.

강의 목표는 강의 전 과정의 길잡이입니다. 목표 설정은 단순한 선언이 아닙니다. 강의 목표는 단지 '무엇을 가르칠까'가 아니라, 강의 전 과정의 길잡이입니다. 기획, 진행, 평가 모두 이 목표를 중심으로 설계돼야 합니다. 목표가 명확하면 커리큘럼 구성과 자료 준비, 강의 운영이 자연스럽게 이어집니다.

반대로, 목표가 불명확하면 강의는 산만해지고, 수강생은 혼란을 겪습니다. 이처럼 강의의 출발점인 '학습자 분석'과 '명확한 목표 설정'은 단순한 이론이 아닙니다. 강사 자신의 교육 철학과 경험을 바탕으로 현실과 맞닿아야 하며, 그 과정이 얼마나 치밀하게 이루어지느냐에 따라 강의의 깊이와 영향력이 결정됩니다.

많은 강사가 '내가 제대로 기획하고 있는 걸까?' 혹은 '수강생들이 진짜 원하는 게 뭘까?'라는 고민하게 됩니다.

하지만 막상 강의 제안서를 작성하거나 커리큘럼을 구체화할 때, 어디서부터 어떻게 시작해야 할지 막막한 경우도 적지 않죠. 학습자 분석과 목표 설정이라는 출발점이 명확하지 않으면, 다음 단계의 모든 설계가 흔들리기 때문입니다.

내 강의의 대상과 목표가 뚜렷하게 보인다면, 그다음 커리큘럼 구성, 자료 준비, 운영 방법까지 한 줄로 꿰어지는 경험을 하게 될 것입니다.

다음 장에서는 학습자의 특성을 좀 더 구체적으로 살피는 방법과, 그에 따른 맞춤형 강의 전략에 관해 이야기해 보겠습니다.

수강생의 수준·니즈·상황을 읽어라

강의가 성공적으로 진행되기 위해서는 '누가 듣는가'를 가장 먼저 이해해야 합니다.

많은 초보 강사들이 기획 단계에서 강의 내용을 먼저 고민하다가, 정작 수강생의 수준과 기대를 충분히 파악하지 못한 채 진행하는 실수를 합니다. 내용은 훌륭해도 수강생으로서는 어렵거나, 혹은 너무 쉬워서 그냥 건너뛰어도 될 것 같습니다.

수강생 분석은 단순한 사전 조사가 아니라, 강의 전반의 방향성을 결정하는 핵심 단계입니다. 이 과정에서 확인해야 할 항목은 다음과 같습니다.

수강생 분석 점검표

기본정보

1) 연령대 / 성별

2) 직업군 / 직무

3) 소속기관 및 부서

학습자의 수준(Level)

1) 사전 경험 · 지식 수준 (초급 / 중급 / 고급)

2) 집단 내 수준 차이 여부

교육 의뢰인의 니즈(Needs)

1) 학습 목표 (무엇을 할 수 있게 만들 것인가?)

2) 실무 · 생활 적용 여부

3) 기대 효과(성과 지표)

강의 환경 및 제약

1) 강의 형태 (대면 / 온라인 / 복합형)

2) 강의 시간 및 횟수

3) 수강 동기 (자발적 / 지정 참여)

分석 결과 활용

1) 커리큘럼 난이도 조정

2) 자료 · 사례 맞춤화

3) 제안서에 기관 목표와 연결

수강생의 정보는 강의 의뢰를 받을 때 관계자에게 질문을 통해 얻을 수 있는데요. 항목별로 하나씩 살펴보면서, 어떤 질문을 활용하면 좋을지 이야기해 보겠습니다.

1. 기본정보 파악

- **연령대 · 성별 · 직업군:** 예를 들어 20대 대학생을 대상으로 하는 강의와 40대 직장인을 대상으로 하는 강의는 접근 방식부터 예시 선택까지 달라져야 합니다.
- **소속기관 및 부서:** 기업 교육이라면 부서별 업무 성격이, 공공기관이라면 정책 방향이 중요한 힌트가 됩니다.

 **초보 강사를 위한 팁**

기본정보 파악을 위한 질문을 활용해 강의 기획에 필요한 정보를 얻어보세요.

1. 이번 교육의 주된 참여자 연령대와 직급은 어떻게 되나요?
2. 참가자의 성별 비율이 어느 정도 되나요?
3. 주로 어떤 부서(또는 직무)에서 참여하나요?
4. 기관(또는 부서)의 최근 주요 이슈나 과제는 무엇인가요?

2. 수준(Level) 진단

- **사전 경험과 지식수준:** 이 분야에 완전 초보인지, 어느 정도 경험이 있는 중급자인지, 이미 전문가인지 구분해야 합니다.
- **기술·지식 격차 파악:** 집단 내 수준 차이가 클 경우, 난이도 조절 전략(기본 개념 vs. 심화 내용 병행)이 필요합니다.

 초보 강사를 위한 팁

기본정보 파악을 위한 질문을 활용해 수강생의 수준을 진단해 보세요.

1. 참가자들이 이번 주제에 대해 사전 경험이나 지식이 어느 정도 있으신가요?
   (예: 완전 초급 / 어느 정도 경험 있음 / 숙련자)
2. 참가자들 사이의 수준 차이가 큰 편인가요, 아니면 비슷한 편인가요?
3. 기존에 비슷한 교육을 받은 경험이 있는지요? 있다면 어떤 방식이었나요?

3. 니즈(Needs) 분석

- **학습 목표**: 이 강의를 통해 '무엇을 할 수 있게' 되기를 원하는가?
- **실제 업무 및 생활 적용 필요**: 이론보다 실습 비중이 높아야 하는지, 혹은 최신 트렌드 정보 제공이 중요한지 판단합니다.
- **기대 효과**: 기관 및 기업에서는 교육 효과를 '성과'로 보고 싶어 하므로, 제 안서 단계에서부터 기대 효과를 명확히 적시해야 합니다.

 **초보 강사를 위한 팁**

교육 의뢰의 핵심 이유(니즈)를 찾는 질문입니다. 질문을 활용해 강의의 목적에 맞는 기획이 가능합니다.

1. 이번 교육의 가장 큰 목표는 무엇인가요?
2. 이번 교육에서 꼭 얻어가야 하는 핵심 내용은 무엇인가요?
3. 교육 후 어떤 변화나 성과를 기대하시나요?
4. 실습과 이론 중 어느 쪽에 더 비중을 두면 좋을까요?

4. 환경 및 제약조건

- **강의 환경:** 대면인지, 온라인인지, 혼합형인지
- **시간 제약:** 단기 워크숍인지, 장기 과정인지
- **참여 가능성:** 업무 중 참여인지, 자발적 신청인지에 따라 몰입도가 달라집니다.

 **초보 강사를 위한 팁**

환경 및 제약조건 분석을 위한 질문입니다. 질문을 활용해 프로그램을 구성해보세요. 강의 만족도를 높일 수 있습니다.

1. 이번 교육은 대면, 온라인 중 어떤 방식인가요?
2. 전체 교육 시간과 진행할 수 있는 회차는 어떻게 되나요?
3. 교육이 진행되는 시간대가 업무 중인가요? 아니면 자발적 참여 시간인가요?
4. 교육 장소나 장비에 특별히 유의해야 할 점이 있을까요?

5. 분석 자료 활용하기

타깃 분석에서 얻은 정보는 강의 기획의 전 단계에 영향을 미칩니다.

- 커리큘럼 설계 → 학습 수준에 맞게 난이도 조정
- 강의 자료 준비 → 교육 대상이 선호하는 매체와 사례 활용
- 강의 제안서 작성 → 제안 대상 기관의 교육 목표와 직접 연결

 **초보 강사를 위한 팁**

추가적인 점검을 위한 질문입니다. 질문을 활용해 교육의 방식이나 전체적인 이미지의 축을 만들어 보세요. 수강생의 참여도를 높일 수 있습니다.

1. 교육 안내 자료에서 강조된 포인트가 있나요?
2. 참가자들의 성향은 어떤가요?
   (적극적/소극적, 실무 중심/학문 중심 등)
3. 강사가 사전에 알아 두면 좋을 만한 기관 문화나 분위기가 있을까요?

타깃 분석은 '누구를 위해, 무엇을, 어떻게' 가르칠지의 근거를 만드는 작업입니다.

이 분석이 정확할수록 강의는 수강생의 현실과 더 가까워지고, 강의의 완성도가 올라가겠죠? 분석을 통해 작성된 제안서는 기관과 기업의 선택을 받을 확률이 높아지는 것 또한 당연한 결과입니다.

이렇게 파악한 수강생의 정보와 목표를 토대로, 효과적인 커리큘럼 구성과 시간 배분 전략을 설계하는 방법을 살펴보겠습니다.

흐름이 보이는 커리큘럼과 시간 배분 만들기

강의를 오래 하다 보면, 강사마다 스타일은 다르지만 공통으로 꼭 갖추어야 하는 부분이 있습니다. 바로 **체계적인 시간 관리와 계획**입니다.

강사 초기에는 시간 관리를 간과하고 너무 많은 내용을 준비하는 실수가 생길 수 있는데요. 저도 '좋은 강의란 가능한 많은 내용을 담는 것'이라 생각해 많이, 더 많이 자료를 준비했는데요. 결국 강의 시간은 턱없이 부족했고, 돌아오는 내내 속상했던 기억이 있습니다.

남은 내용은 많고, 시간은 없고, 마지막 15분은 내가 무슨 말을 하고 있는지도 모르겠더라고요. 결국 시간에 쫓겨 급하게 내용을 마무리해야 했습니다.

많이 담는 것보다 꼭 필요한 내용을 적절한 시간 안에 효과적으로 전달하기 위해 **시간에도 전략이 필요하다**는 걸 알게 되었습니다. 전체 시간의 90%를 기준으로 계획을 짜고 강의 중간 시간을 확인하며 조금 줄이거나 늘리는 식으로 시간을 조절하고 있습니다.

강의 시간 전략은 단순히 시간을 맞추는 것을 넘어, 학습자의 집중력과 이해도를 극대화하기 위해 각 세션의 분량과 흐름을 세심하게 관리하는 것을 의미합니다. 그 과정을 정리해 보겠습니다.

강의의 큰 그림부터 설계하기

커리큘럼을 구성할 때는 먼저 **강의의 큰 흐름**을 잡아야 합니다.

- 큰 주제 → 중간 주제 → 세부 내용
- 이렇게 단계적으로 흐름을 만들면 강의가 자연스럽게 이어집니다.

또한 각 세션이 서로 단절되지 않고 유기적으로 연결되도록 **도입 – 전개 – 정리 구조**를 갖추는 것이 좋습니다.

예를 들어, 도입에서는 흥미를 끌고, 전개에서는 핵심 지식을 전달하며, 정리 단계에서는 학습 내용을 다시 한번 머리에 새기게 하는 식입니다. 이때 **학습 목표와 직접 관련이 없는 내용**은 과감히 빼는 것이 중요합니다. 강사가 전달하고 싶은 '내 이야기'가 아니라, **수강생이 필요로 하는**

내용을 중심에 두는 것이죠.

시간 배분 전략 예시 (2시간 강의 기준)

[도입] 15분
- 아이스브레이킹: 5분
- 강의 목표와 학습 흐름 안내: 10분

[핵심 내용] 85분
- 이론 설명: 40분
- 사례 및 영상 소개: 15분
- 실습 · 토론: 30분

[정리 및 마무리] 20분
- 핵심 요약: 10분
- 질의응답 및 안내: 10분

강의 시간은 그냥 흘러가는 대로 두면 반드시 어긋납니다. 예정한 분량을 다 전달하지 못하거나, 반대로 핵심을 충분히 다루지 못한 채 서둘러 마무리하게 됩니다. 이는 강의 경험이 부족해서라기보다, 강의를 **설**

계하지 않았기 때문입니다.

강의는 말의 흐름이 아니라 시간의 구조로 완성됩니다. 따라서 강의를 준비할 때는 전체 시간을 감각에 맡기기보다, 각 단계에 **의도적으로 비율을 배분**해야 합니다. 도입, 전개, 마무리는 자연스럽게 이어지는 것이 아니라, 각각 다른 역할을 가진 시간입니다.

도입부의 목적은 지식을 전달하는 데 있지 않습니다. 이 시간은 강의 내용을 본격적으로 시작하기 전에 분위기를 만들고, 학습자의 집중을 강의로 끌어오는 구간입니다. 강사의 말투, 질문, 간단한 사례 하나가 이 시간의 핵심입니다. 도입이 길어지면 강의는 느슨해지고, 짧고 명확할수록 이후 집중도가 높아집니다.

강의의 중심이 되는 **핵심 시간은** 학습자가 가장 몰입해야 하는 구간입니다. 이 시간에는 전달해야 할 개념과 메시지를 분명히 제시하고, 학습자가 따라올 수 있도록 구조를 세워야 합니다. 중요한 것은 '얼마나 많이 말했는가'가 아니라 '얼마나 이해되었는가'입니다. 이 구간에서 강사는 설명자이자 안내자의 역할을 동시에 수행해야 합니다.

마무리 시간은 단순한 끝맺음이 아닙니다. 이 시간의 목적은 학습 내용을 정리하고, 기억을 고정하는 데 있습니다. 강의가 끝난 뒤에도 수강생이 핵심 내용을 떠올릴 수 있도록 요약하고, 한 문장으로 정리해 주는 것이 중요합니다. 마무리가 약하면 강의 전체의 인상이 흐려집니다.

초보 강사와 경력 강사의 차이는 이 시간 구조를 다루는 방식에서 분명하게 드러납니다. 특히 중요한 차이는 **중간에 숨 쉴 구간을 만드는 능력**입니다. 강의를 처음 시작하는 강사는 전달해야 할 내용을 놓칠까 봐 쉬지 않고 말을 이어가는 경우가 많습니다. 그러나 이러한 방식은 오히려 학습자의 집중력을 빠르게 소진 시킵니다.

일반적으로 45분 이상 한 가지 활동이 지속되면 집중력은 급격히 떨어집니다. 따라서 강의 중간에는 의도적인 변화를 주어야 합니다. 이론 설명 뒤에는 사례를 통해 이해를 돕고, 다시 실습이나 질문을 통해 학습자가 직접 참여하도록 구성하는 방식이 효과적입니다.

이론 → 사례 → 실습과 같은 리듬은 강의를 다시 깨우는 역할을 합니다.

강의의 완성도는 말의 능숙함이 아니라 시간 운영에서 결정됩니다. 시간을 설계할 수 있을 때 비로소 강의는 흐트러지지 않고, 학습자는 끝까지 따라올 수 있습니다. 강의를 오래 한다는 것은 말을 오래 한다는 뜻이 아니라, **시간을 다루는 감각이 쌓였다는 의미**입니다.

강의는 즉흥이 아니라 설계입니다. 그리고 그 설계는 강사의 경험이 아니라, 학습자의 집중과 이해를 기준으로 이루어져야 합니다.

강의 설계의 핵심은 중간에 숨 쉴 구간을 만드는 것입니다. 45분 이상 한 가지 활동이 지속되면 집중력이 떨어집니다. 이론 → 사례 → 실습처럼 교육 방식에 변화를 주세요.

시간 확인하고 유연하게 조율하기

저는 강의 시간 관리를 위해 현장에서 항상 **손목시계**를 착용합니다. 강의 중간중간 자연스럽게 시간을 확인할 수 있어 매우 유용한 도구이기 때문입니다.

스마트폰으로 시간을 확인하는 것은 화면을 들여다보는 동작이 눈에 띄어 수강생의 집중을 흐트러뜨릴 수 있고, 강의 흐름에도 방해가 될 수 있습니다. 강의장에 벽걸이 시계가 없거나 멀리 떨어진 경우가 종종 있는데, 이럴 때 뒤를 자주 돌아보며 시간을 확인하는 것은 수강생의 시선을 분산시키고 강사의 집중력을 떨어뜨릴 수 있어 권장되지 않습니다.

30분 안에 마쳐야 할 파트를 진행하는데 20분이 지났다면, '이 부분은 조금 압축하고 다음 실습에 더 많은 시간을 할애하자.'라는 판단을 즉시 내릴 수 있어야 하는데요. 강의에 방해되지 않는 시간 확인이 꼭 필요한 이유입니다.

시간을 수시로 확인하며 유연하게 조율하는 역량이 강의 흐름을 자연스럽고 원활하게 유지하는 핵심입니다.

예비 플랜 준비하기

강의하다 보면,

- 예상보다 시간이 남는 경우
- 예정보다 시간이 부족한 경우 둘 다 발생합니다.

시간이 남으면: 추가 사례를 소개하거나, 수강생에게 간단한 실습이나 질의응답을 유도하고,

시간이 부족하면: 핵심만 다루고 꼭 필요한 부분에 시간을 할당해야 하는데요.

정상 진행이 가능한 플랜과 시간 조정 플랜을 미리 생각해 둘 필요가 있습니다.

Plan A(정상 진행 플랜)

- 처음 설계한 커리큘럼과 시간 배분대로 강의를 진행합니다.
- 이 플랜을 기준으로 도입, 핵심 내용, 마무리의 시간과 활동을 균형 있게 배치합니다.

Plan B(시간 조정 플랜)

- 시간이 부족할 경우 핵심 내용에 우선순위를 두고 부가적인 내용은 과감히 생략하거나 축소합니다.
- 부가 내용은 PDF, 참고 자료, 추가 영상 등으로 별도 제공하여 강의 후에도 학습할 수 있게 합니다.
- 시간이 남을 경우, 준비해 둔 추가 사례나 심화 질문, 참여형 실습을 활용해 수강생의 이해를 돕고 몰입도를 높입니다.
- 질의응답 시간을 조금 늘려 소통을 강화하거나, 소규모 토론으로 전환해 참여도를 높일 수도 있습니다.

Plan A(정상 진행)와 Plan B(시간 조정)를 준비 없이 유연하게 대처하는 선배 강사님들을 보면 역시 경험이 실력이라는 생각을 하게 되는데요. 아직 이 부분에서 여유롭게 대처하기가 어렵다면, 미리 상황을 예측해 보고 플랜을 세워볼 수 있습니다. 이렇게 해두면 예상치 못한 상황이 와도 당황하지 않고 진행할 수 있습니다.

플랜 B를 준비하기 전에 체크할 요소

1. 핵심 목표를 명확히 하기

예비 플랜을 설계할 때도 '이 강의의 핵심 메시지와 성과'가 흔들리지 않도록 반드시 기억하세요.

2. 플랜 B는 '축소판'이 아닌 '최적화판'

무작정 내용을 줄이는 게 아니라, 가장 중요한 부분만을 집중해서 효과적으로 전달하는 것이 핵심입니다.

3. 즉각적 판단과 실행을 할 수 있도록 준비

현장에서 시간 변화가 느껴지면 즉시 플랜 B로 전환할 수 있어야 하며, 이를 위해 미리 어떤 내용을 줄이거나 늘릴지 머릿속에 정리해 두는 게 좋습니다.

4. 수강생에게 상황 설명하기

시간 조정이 필요한 경우 되도록 자연스럽게 조정해서 수강생들이 눈치채지 못하고 강의에 만족할 수 있다면 가장 좋습니다. 부득이 급하게 조정해야 한다면 갑작스러운 생략이나 변경으로 수강생이 혼란스러울 수 있으니, 간단히 양해를 구하거나 상황을 공유해 자연스러운 흐름을 유지합니다.

예시: 2시간 강의 커리큘럼 + 예비 플랜 적용

시간 배분	Plan A(정상 진행)	Plan B(시간 부족 시)	Plan B(시간 남을 시)
도입(15분)	아이스브레이킹 5분, 목표 안내 10분	동일 유지	동일 유지
핵심 내용(85분)	이론 40분, 사례 및 영상 15분, 실습·토론 30분	이론 30분, 핵심 사례 10분, 실습 15분으로 축소	이론 40분, 사례 20분(추가), 실습 30분(심화)
정리 및 마무리 (20분)	핵심 요약 10분, 질의응답 10분	핵심 요약 5분, 질의응답 10분 강의 소감 나누기 5분	핵심 요약 10분, 질의응답 15분(확대)

강의 기획 단계에서 커리큘럼과 시간 배분은 단순히 일정표를 짜는 일이 아닙니다. **수강생이 강의를 어떻게 경험할지를 설계하는 작업**입니다. 시간이 너무 부족하면 핵심이 전달되지 않고, 너무 여유로우면 지루함이 생깁니다.

적절한 시간 배분이야말로 강의의 흐름을 살리고, 강사의 전문성을 보여주는 무기입니다.

시간을 내 편으로 만드는 순간, 강의의 완성도는 한층 올라갑니다.

학습 성과를 중심에 둔 설계 전략

04

강의는 얼마나 많은 내용을 전달했는가로 평가되지 않습니다. 강의가 끝난 뒤 **수강생이 무엇을 할 수 있게 되었는가**가 강의의 진짜 기준입니다. 이는 교육 현장에서 오래전부터 강조되어 온 원칙이지만, 실제 강의 현장에서는 쉽게 실천되기 어렵습니다.

강의 이후 수강생의 변화를 장기간 추적하거나, 교육 목표 달성 여부를 객관적으로 입증하는 일은 현실적인 한계가 있습니다. 단발성 강의, 외부 기관 위탁 교육, 대규모 집합 교육에서는 사후 평가 자체가 불가능한 경우도 많습니다. 그렇다면 강사는 강의의 효과를 어떻게 책임질 수 있을까요.

해답은 강의 이후가 아니라, **강의 시간 안에 있습니다.** 강의가 끝난 뒤의 변화를 모두 확인할 수 없다면, 최소한 강의 시간 안에서 변화의 가능성을 만들어야 합니다. 즉, 강의 과정 자체에 학습자의 행동 변화를 확인할 수 있는 장치를 포함하는 것입니다.

예를 들어, 강의 중간에 한 문장으로 핵심을 정리하게 하거나, 사례를 보고 스스로 해결 방법을 선택하게 하는 것만으로도 학습자의 이해 수준을 확인할 수 있습니다. 이는 정교한 시험이 아니라, **최소한의 검증**이자 동시에 가장 현실적인 평가 방식입니다. 지금 이 내용을 활용해 무엇을 할 수 있나를 확인하는 것입니다.

강사는 모든 변화를 직접 확인할 수는 없습니다. 그러나 강의 시간 안에서 변화의 출발점을 만들어 줄 책임은 있습니다. 교육은 전달로 끝나지 않습니다. 행동으로 이어질 때 비로소 완성됩니다. 강사의 역할은 지식을 쏟아내는 데 있지 않고, 수강생이 무엇을 할 수 있게 되었는지를 확인하는 데 있습니다.

이를 위해 강의 기획 단계부터 학습 성과(learning outcomes)를 중심에 두고 설계해야 합니다. 이 방식은 수강생이 학습 목표를 분명히 이해한 상태에서 수업에 임할 수 있도록 돕습니다.

학습 목표를 행동 중심으로 설정하기

학습 목표는 '이해한다.', '알게 된다'처럼 추상적인 표현보다, 구체적이고 측정할 수 있는 행동으로 작성하는 것이 좋습니다.

- **나쁜 예:** 프레젠테이션 기법을 이해한다.
- **좋은 예:** 5분 이내에 핵심 메시지를 포함한 프레젠테이션 개요를 작성할 수 있다.

행동 중심의 목표는 강의 방향성을 명확하게 하고, 강의 내용과 활동 설계의 기준이 됩니다.

역순 설계(Backward Design) 적용하기

역순 설계는 '목표 → 평가 → 내용' 순으로 강의를 설계하는 방법입니다.

- 목표 설정 – 수강생이 강의 후 무엇을 할 수 있어야 하는가?
- 성과 평가 방법 결정 – 이를 어떻게 확인할 것인가?(퀴즈, 실습, 발표, 과제 등)
- 내용 및 활동 설계 – 목표 달성을 위해 어떤 지식과 경험을 제공할 것인가?

이 방식은 불필요한 내용을 줄이고, 학습 성과에 직결되는 내용만 남게 합니다.

학습 성과를 확인하는 활동 포함하기

강의 중간과 마지막에 학습자가 성과를 점검할 수 있는 활동을 넣으세요.

- **중간 점검**: 짝 토론, 미니 퀴즈, OX 질문
- **최종 점검**: 개인 과제 작성, 짧은 발표, 실습 결과 공유

이 과정은 학습효과를 높이고, 강사에게는 학습 진도를 조율하는 지표가 됩니다.

시간 배분과 성과 연결하기

시간 배분은 학습 성과 달성을 지원하는 구조여야 합니다.

핵심 활동과 평가에 충분한 시간을 확보하고, 중요도가 낮은 내용은 과감히 줄입니다.

예를 들어, 2시간 강의에서 '수강생이 직접 해보는 실습'이 핵심 성과 달성의 열쇠라면, 이 부분에 최소 30~40%의 시간을 배정하는 것이 효과적입니다.

강의 개요 작성하기

강의 준비에서 가장 중요한 시작은 머릿속 구상을 문서로 옮기는 일입니다.

강의 개요는 머릿속에 그린 강의를 도식화하는 방법입니다. 아래 방법을 그대로 따라 하면, 누구나 강의 개요를 완성할 수 있습니다.

1. 강의 제목 : 짧고 명확하게, 주제가 바로 보이게
예: 팀워크 향상을 위한 비주얼 협업 워크숍

2. 강의 목적과 필요 : 이 강의가 왜 필요한지, 어떤 문제를 해결하는지 설명
예: 조직 내 협업 효율성을 높이고, 회의 시간을 단축하기 위해 기획된 워크숍입니다.

3. 대상 : 수강생의 직무, 수준, 연령대 등
예: 마케팅 · 기획팀 소속 실무자 스무 명

4. 학습 목표 : 강의 후 수강생이 할 수 있게 될 행동을 구체적으로 적기
예: 시각적 도구를 활용해 아이디어를 구조화하고 팀 회의를 주도할 수 있다.

5. 주요 내용 : 큰 주제 3~5개를 간단히 나열
예: ① 비주얼 씽킹 기본 ② 실무 적용 사례 ③ 팀별 실습

6. 기대 효과 : 수강생 · 조직 · 주최 측이 얻을 수 있는 변화

예: 회의 진행 속도 30% 단축, 팀 간 아이디어 공유 활성화

7. 진행 방식과 소요 시간 : 강의, 실습, 토론 비율 포함

예: 총 2시간, 강의 40%, 실습 40%, 토론 20%

8. 필요 장비 및 자료

예: 빔프로젝터, 화이트보드, 포스트잇, 마커펜

강의개요를 기반으로 세부 계획서 작성하기

1. 강의 시간 전체를 세션 단위로 나누기
2. 각 세션에 내용, 활동 방식, 준비물을 지정하기
3. 활동과 활동 사이에 집중도 회복 구간을 넣기

예시 (2시간 강의 계획서)

시간	세션	내용	활동 방식	준비물
0~10분	도입	강의 목표 안내, 아이스브레이킹	짝 토론	자기소개 카드
10~25분	핵심 1	주제1 이론 강의	강의+질문	PPT 슬라이드
25~30분	사례 1	주제1 실제 사례 영상 시청	영상 시청+토론	영상 파일

30〜40분	토론 1	주제1 관련 토론	토론 및 발표	종이, 포스트잇
40〜50분	핵심 2	주제2 이론 강의	강의+질문	PPT 슬라이드
50〜65분	활동	주제2 관련 게임	게임 및 성찰 주제로 연결	게임 준비물
65〜105분	실습	주제2 소그룹 아이디어 작성	실습을 통한 정리	워크시트, 펜
105〜120분	정리	전체 핵심 요약, Q&A	질의응답	–

초보 강사를 위한 팁

강의를 시작하는 초기에는 계획서를 작성할 기회가 많지는 않습니다. 교육컨설팅 업체나 강사 에이전시를 통해 강의 의뢰를 받는 경우가 많기 때문인데요. 이런 경우 강의를 의뢰받은 기관에서 서류를 맡아서 제출합니다.

강사들이 소개 수수료를 내는 것은 이런 강의 제안 문서나 홍보의 역할을 대신 한 것에 대한 대가라고 할 수 있습니다.

하지만, 당장 강의 계획서 작성이 필요 없더라도 강의 내용을 틀 안에 넣어 간단하게나마 작성해 보는 연습이 필요합니다. 같은 강의를 하더라도 강의마다 조금씩 다듬어 보세요.

나만의 교육 계획서를 작성해야 하는 순간은 의외로 빨리 다가올지 모릅니다. 아자!

완성도를 높이는 강의 준비 체크리스트 10

강의 준비는 '완벽한 자료 만들기'보다 '정확한 방향과 흐름 세팅'이 먼저입니다.

앞서 살펴본 학습자 이해 → 수강생 분석 → 커리큘럼 구성 → 성과 중심 설계과정을 종합하면, 아래 열 가지 체크리스트가 나옵니다.

강의 준비할 때 하나씩 확인하면서 완성도를 올려보세요.

강의 준비 열 가지 체크포인트

학습자 정보 확인

1. 대상자의 직무, 수준, 나이, 관심사, 배경지식 파악

2. 자료 준비 시 사례와 용어를 맞췄는가?

학습 목표 명확화

1. 강의 후 수강생이 '무엇을 할 수 있어야 하는지' 문장으로 정의했는가?

2. 목표가 너무 많거나 추상적이지 않은가?

필요 내용과 불필요 내용 구분

1. 시간 대비 꼭 필요한 핵심만 남겼는가?

2. '있으면 좋지만 없어도 되는' 부분은 과감히 제외했는가?

시간 배분 계획

1. 전체 시간표가 균형 있게 구성되었는가?

2. 실습 · 토론 시간을 충분히 확보했는가?

활동 및 사례의 적절성 검토

1. 학습자 수준과 환경에 맞는 사례와 실습인가?

2. 준비물 · 자료가 현장에서 바로 사용 가능한가?

성과 측정 방법

1. 강의 중 · 후에 학습 효과를 어떻게 확인할지 정했는가?

2. 퀴즈, 발표, 실습 결과물, 피드백 등 방식을 준비했는가?

교안 및 자료 최종 점검

1. 오타, 폰트 크기, 이미지 해상도를 확인했는가?
2. 불필요한 슬라이드가 없는가?

교육 현장 점검

1. 노트북, 어댑터, 마이크, 프로젝터 호환성 점검
2. 강의실 위치, 좌석 배치, 조명, 온도 확인

시간 확인 도구 준비

1. 손목시계나 타이머 등, 시선을 빼앗지 않고 시간 확인할 수 있는 도구 준비

여유와 대안 계획

1. 예상치 못한 질문이나 돌발 상황에 대비한 보충 자료, 여분 활동 준비
2. 시간이 남았을 때와 부족할 때의 대응 시나리오 마련

강의 기획은 단순히 '무엇을 가르칠까'를 정하는 과정이 아닙니다. 누구에게, 왜, 어떤 방식으로, 얼마의 시간 동안 전달할지를 세밀하게 설계하는 종합 작업입니다.

초보 강사를 위한 팁

강의 준비는 '계획-실행-검토'의 순환 구조를 가집니다. 기획 단계에서 충분히 고민하고 설계한 강의는 현장에서 훨씬 안정적으로 진행되며, 강사의 전문성과 신뢰를 높여 줍니다.

이제 기본 설계도를 갖춘 우리는, 다음 장에서 실제 강의 현장에서의 전달력과 운영 기술을 다루게 됩니다. 설계가 뼈대라면, 전달력은 강의에 생명을 불어넣는 호흡입니다. 수강생과 진정으로 소통하며, 효과적인 학습 경험을 만들어 갈 수 있을 것입니다.

STEP 3
프로 강사의 말하기, 무엇이 다른가

STEP 3은 강사의 말하기를 '기술'이 아닌 전달의 완성도로 점검하는 단계입니다.

프로 강사의 말하기는 유창함보다 잘 들리고, 잘 이해되며, 끝까지 듣게 만드는 힘을 갖고 있습니다.

이 단계에서는 첫인상을 결정하는 목소리와 발성, 전문성을 느끼게 하는 언어 선택, 학습자의 귀를 붙잡는 설명 방식과 재미의 구조를 살펴봅니다. 또한 강의의 성패가 무대 위가 아니라 무대에 서기 전 준비 과정에서 이미 결정된다는 점을 분명히 짚습니다.

STEP 3의 핵심은 말을 잘하는 사람이 아니라 전달이 되는 강사가 되는 것입니다.

읽어 나가며 스스로에게 질문해 보시기 바랍니다.

> **나는 내 강의를 잘 들리게 하려고 무엇을 노력했는가?**

잘 들리는 목소리가 첫인상을 결정한다

01

강사의 목소리, 얼마나 중요할까요?

강사의 목소리는 강의의 완성도를 좌우하는 핵심 요소입니다. 듣기 좋은 목소리와 잘 들리는 발음은 청중의 이해도와 집중도를 결정하는 가장 중요한 전달 도구이자, 강사의 이미지를 형성하는 하나의 브랜드입니다.

아무리 강의 내용이 탄탄하더라도 목소리가 작거나 발음이 부정확하면 전달력은 급격히 떨어집니다. 내용이 잘 전달되지 않을 뿐 아니라, 강사의 전문성과 신뢰도까지 함께 낮아질 수 있습니다. 반대로 또렷하고 안정적으로 들리는 목소리는 강의를 끝까지 몰입하게 만드는 힘을 가집니다. 같은 내용이라도 목소리에 따라 강의의 인상은 전혀 다르게 남습니다.

여기서 말하는 목소리는 타고난 음색이나 성대를 의미하지 않습니다.

강의에서 중요한 것은 '목소리의 개성'이 아니라 **목소리의 질을 어떻게 관리하고 사용하는가**입니다. 강의는 정확한 의미 전달이 중심이 되는 활동이기 때문에, 많은 강사들이 크고 강한 목소리를 좋은 목소리라고 오해하는 경우가 많습니다.

처음에는 잘 들리고 강렬하게 느껴질 수 있습니다. 그러나 발성의 지지 없이 크기만 키운 목소리는 시간이 지날수록 청중에게 피로감을 줍니다. 소리는 전달되지만, 듣는 사람은 점점 지치고 집중력은 떨어집니다. 강사가 열심히 말할수록 강의의 밀도는 오히려 낮아지는 역설적인 상황이 발생하기도 합니다.

강의에 필요한 목소리는 크거나 강한 목소리가 아니라, **오래 들어도 부담 없는 목소리**입니다. 자꾸만 듣고 싶고, 의미가 또렷하게 남는 목소리입니다. 이러한 목소리는 타고나는 것이 아니라, 매일 짧은 시간이라도 꾸준히 연습하고 관리함으로써 충분히 만들어질 수 있습니다.

목소리는 기술입니다. 그리고 그 기술은 의식적으로 훈련할수록 달라집니다. 오늘은 강사가 반드시 점검해야 할 목소리의 기본 요소와, 실제 강의 현장에서 바로 적용할 수 있는 목소리 관리와 발성의 방향에 대해 이야기해 보려고 합니다.

강사가 목소리를 훈련해야 하는 이유

강사의 목소리 훈련은 청중의 집중도를 즉시 높여 줄 뿐 아니라, 강사 자신이 강의를 보다 안정적이고 효과적으로 운영하는 데에도 중요한 역할을 합니다. 목소리는 단순한 전달 수단이 아니라, 강의의 흐름과 완성도를 지탱하는 기본 장치입니다.

첫째, 장시간 말해도 지치지 않기 위해서입니다.

강의는 보통 1시간에서 길게는 2시간 이상 이어집니다. 발성의 지지 없이 목에 힘으로만 소리를 내면, 강의 중반 이후부터 목소리가 잠기거나 거칠어지기 쉽습니다. 이는 강사의 체력 소모를 빠르게 늘릴 뿐 아니라, 강의의 안정감도 함께 무너뜨립니다. 올바른 발성 훈련은 목의 부담을 줄이고, 강의가 끝날 때까지 일정한 음질을 유지하도록 돕습니다.

둘째, 청중의 집중도를 유지하기 위해서입니다.

목소리의 톤, 속도, 크기가 균형을 이룰 때 청중은 자연스럽게 귀를 기울이게 됩니다. 단조로운 톤이나 지나치게 빠른 말하기는 집중력을 떨어뜨리고, 반대로 과도한 고성이나 강한 발음은 청중을 피로하게 만듭니다. 훈련된 목소리는 강의의 리듬을 만들어 주고, 중요한 순간에 집중을 다시 끌어오는 역할을 합니다.

셋째, 메시지의 설득력을 높이기 위해서입니다.

발음이 분명하고 소리가 안정적으로 전달되면 말의 의미가 또렷해지고, 강사에 대한 신뢰감도 함께 높아집니다. 같은 내용이라도 목소리가 흔들리거나 발음이 불명확하면 메시지의 힘은 약해집니다. 반대로 차분하고 명확한 목소리는 강사의 전문성을 강화하고, 말에 무게를 실어 줍니다.

강사의 목소리 훈련은 특별한 재능을 위한 것이 아닙니다. 강의를 오래, 안정적으로, 그리고 효과적으로 하기 위해 반드시 필요한 기본 준비입니다. 목소리가 안정되면 강사는 내용 전달에 더 집중할 수 있고, 청중은 강의에 더 깊이 몰입할 수 있습니다. 이것이 강사가 목소리를 훈련해야 하는 가장 현실적인 이유입니다.

발음과 발성, 어떻게 다른가?

목소리 훈련에서 빠지지 않는 세 가지 요소가 있습니다. 바로 **발음, 발성, 그리고 호흡**입니다. 이 세 가지는 강의에서 목소리의 명확함, 힘, 그리고 안정감을 결정하는 핵심 요소입니다.

발음이 정확해야 말이 또렷하게 전달됩니다. 발성이 안정되어야 소리가 멀리까지 힘 있게 닿습니다. 그리고 호흡이 뒷받침되어야 장시간 강의에서도 목소리가 흔들리지 않습니다. 이 중 어느 하나라도 부족하면, 강의용 목소리는 쉽게 무너집니다.

발음

먼저 발음은 혀와 입술, 입 모양을 사용해 소리를 정확하게 만들어 내는 기술입니다. 단어 하나하나가 분명하게 들리도록 조음 기관을 적절히 움직이는 것이 핵심입니다. 발음이 불분명하면 아무리 좋은 내용이라도 청중은 의미를 놓치게 됩니다. 강의에서 발음은 전달의 출발점입니다.

발성

반면 발성은 호흡과 성대, 공명을 사용해 소리를 잘 울리게 만드는 기술입니다. 발성의 목적은 소리를 크게 내는 데 있지 않습니다. 목에 힘을 주지 않고도 충분한 울림과 볼륨을 확보하는 것이 중요합니다. 발성이 안정되면 목소리는 편안해지고, 강사는 오래 말해도 쉽게 지치지 않습니다.

강의 현장에서 '잘 들리는 목소리'란, 발음의 선명함과 발성의 안정감이 동시에 유지되는 상태를 말합니다. 발음만 좋고 발성이 받쳐주지 않으면 소리는 날카롭게 느껴지고, 발성만 강하고 발음이 흐리면 말의 의미가 흐려집니다. 두 요소는 서로 보완 관계에 있습니다.

그렇다면 원래 타고난 목소리를 안정감 있는 강의용 목소리로 바꿀 수 있을까요. 음색 자체의 변화 폭은 크지 않을 수 있습니다. 그러나 **목소리가 주는 느낌과 전달력은 충분히 달라질 수 있습니다.** 발음과 발성, 그리고 호흡을 훈련하면 목소리는 훨씬 편안해지고, 신뢰감 있는 소리로 바뀝니다.

이제부터는 강의 현장에서 바로 적용할 수 있도록, 발음과 발성을 어떻게 훈련해야 하는지 구체적인 방법을 살펴보겠습니다.

강사의 잘 들리는 목소리 훈련법

1. 입을 크게 여는 '모음 과장 훈련'

입을 크게 벌리면 발음이 좋아집니다. 모음 소리가 더 명확하게 형성되기 때문입니다.

모음은 입 모양이 소리를 만드는 핵심이기 때문에, 입을 작게 벌리면 혀와 입술이 충분히 움직이지 못해 소리가 탁하고 모호해집니다. 반대로 입을 크게 벌리면 혀의 위치와 입술 모양이 분명해져 모음이 선명하게 들리고, 그 결과 자음까지 또렷해집니다.

또한 공기가 발음할 때 원활하게 통과해 소리가 맑고 힘 있게 나며, 강사처럼 장시간 말해야 할 때도 청중이 힘들이지 않고 내용을 들을 수 있게 됩니다. 입을 크게 벌리는 것은 단순히 '크게 말한다'라는 의미가 아니라, 발음을 만드는 입의 구조를 최적화하는 과정입니다.

- 거울 앞에서 아, 어, 이, 오, 우를 천천히, 과장되게 발음합니다.
- 모음이 또렷해지면 자음도 자연스럽게 선명해집니다.

- 강의 전 준비로 1분만 해도 발음이 훨씬 또렷해집니다.
- 모음만 발음하며 정확한 입 모양을 연습할 수 있습니다.

  예시) 발음을 정확하게 → 아으으 어아아에(모음만 읽고 다시 전체 발음)

2. '단어 끊어 읽기'로 속도 조절하기

- 빠른 말은 전달력을 떨어뜨립니다.
- 원고를 띄어쓰기 단위로 끊어 읽으며 첫음절을 살짝 길게 읽어줍니다. (아주 살짝)
- 단어의 마지막 소리는 음을 내려줍니다. (뉴스의 마지막 맺음을 연상해 주세요.)
- 연습: **차─음부터. 빠─르게. 말─하지. 마─세 요.**

3. 혀 · 입 근육 풀기

- **혀 스트레칭**: 혀끝을 위 · 아래 잇몸, 좌 · 우 어금니에 순서대로 터치 (오른쪽 · 왼쪽 각 3회씩)
- **혀 밀기**: 혀로 볼 안쪽을 바깥을 밀고, 손가락으로 혀가 미는 볼을 반대로 밀어줍니다. (10초씩 3회 반복)
- **입술 당기기**: '아~' 하며 입을 최대한 크게 벌렸다가, '오~' 하며 앞으로 오므리기 (3회 반복)
- **하품하고 멈추기**: 하품을 아주 크게 하고 입과 목이 가장 크게 벌어졌을 때 멈추고 10초를 기다립니다. (3회 반복)

입술과 혀뿌리 그리고 목이 뻐근한가요? 그렇다면 아주 잘하셨습니다. 혀와 입 근육이 부드러워지면 발음 꼬임이 줄어듭니다.

4. 복식호흡으로 발성 안정화하기

- 먼저 '스~' 바람이 나가는 소리를 내며 몸 안의 공기를 모두 빼주세요.
- 가슴이 아니라 배가 부풀어 오르도록 숨을 들이마십니다.
- '스~' 바람이 나가는 소리를 내며 몸 안의 공기를 천천히 뺍니다.

이 과정을 세 번 반복합니다.

이번엔 '아~' 소리를 내며 공기를 아주 천천히 빼보겠습니다.

- 배가 부풀어 오르도록 숨을 들이마십니다.
- 천천히 내쉬며 '아—' 소리를 10초 이상 유지합니다.
- 숨이 모두 나갈 때까지 소리를 이어가 보세요.

강의 전 3~5회 반복하면 긴장이 풀리고, 성대가 안정됩니다.

5. 공명 훈련으로 울림 살리기

공명이 살아있는 목소리는 흔히 아나운서의 목소리를 떠올리게 합니다. 공명이 좋은 목소리는 듣는 이에게 전문성과 신뢰감을 자연스럽게 전달하는 힘이 있습니다.

강의 현장에서도 목소리에서 묻어나는 이러한 전문성은 청중이 강사의 말에 더욱 집중하고 믿음을 갖게 만드는 중요한 요소입니다. 공명을 살리는 훈련은 강의의 신뢰도를 높이는 강사의 기술이라 할 수 있습니다.

- '음~' 소리를 내며 코 · 이마 · 입천장에서 진동을 느껴봅니다.
- '음~' 소리에 이어 '아~' 하고 천천히 소리를 내면서 음의 높이를 위아래로 옮겨 보세요.
- 소리가 끊어지지 않고 편안하고 단단하게 나는 위치가 진짜 내 목소리를 만드는 자리입니다.
- 이제 그 자리에서 아주 조금만 목소리를 낮춰보세요. 저음은 신뢰도를 올려줍니다.

살짝 낮은 '아~~~' 소리에 떨림이나 끊김이 없나요? 그 목소리를 잘 기억하세요. 그리고 평소에도 같은 음역으로 말하는 습관을 만들어 내 목소리로 만들어 가야 합니다.

소리를 내는 동안 코와 머리의 진동이 목과 입술에서도 느껴질 수 있도록 여러 번 반복해 보세요. 울림 포인트를 찾으면 목소리가 힘이 없어도 멀리 전달됩니다.

이제 울림 있는 목소리로 멋진 강의를 시작하세요.

강의 현장에서 바로 쓰는 팁

마이크가 있어도 반드시 복식호흡을 연습하세요.

많은 강사가 마이크 덕분에 크게 소리를 내지 않아도 되고, 호흡을 간과하게 됩니다. 하지만, 복식호흡 없이 말하면 목소리가 금세 떨리고 힘이 빠집니다. 복식호흡은 목에 무리를 줄이고 안정적인 톤을 유지하는 데 필수입니다.

적절한 의미 단위로 끊어 말하세요.

문장을 의미 단위로 나눠 숨을 고르고 천천히 말하면 청중도 이해하기 쉽고, 본인도 더 편안하게 강의를 진행할 수 있습니다.

목소리 톤은 상황에 맞게 2~3단계로 조절하세요.

중요한 메시지를 전할 때는 평소보다 1~2단계 낮고 무게감 있게, 설명하거나 분위기를 밝힐 때는 톤을 한 단계 올려 명확한 대비를 주면 청중의 집중력과 이해도가 크게 향상됩니다.

꾸준한 훈련은 목소리를 강사의 경쟁력으로 만듭니다. 목소리는 단기간에 완성되는 재능이 아니라, 반복된 관리와 연습을 통해 축적되는 기술입니다. 오늘의 작은 연습이 쌓일수록 강의는 더 안정되고, 전달력은 더욱 분명해집니다.

지금부터 시작해도 늦지 않습니다. 목소리는 강사가 매번 들고 서는 가장 기본적인 도구이기 때문입니다. 단 하나의 변화만으로도 강의의 분위기와 완성도는 분명히 달라집니다. **목소리 하나로도 강의는 달라집니다.**

하루 5분 루틴

1. 모음 과장 발음 (1분)
2. 단어 끊어 읽기 (1분)
3. 혀 스트레칭 & 입술 당기기 (1분)
4. 복식호흡 '아—' 발성 (1분)
5. '음—아〜〜〜' 공명 훈련 (1분)

전문가는
쉬운 언어로 전달한다

강사로 무대에 서다 보면, 아무리 설명해도 청중의 이해가 따라오지 않는 순간을 경험하게 됩니다. 분명 같은 말을 하고 있는데, 고개를 끄덕이는 사람은 줄어들고 표정은 점점 멀어집니다. 이 상황을 단순히 청중이 집중하지 않아서라고 생각하기 쉽지만, 실제 원인은 다른 곳에 있는 경우가 많습니다.

이런 문제는 청중이 아니라, 강사가 사용하는 **말의 방식**, 즉 언어의 장벽에서 시작됩니다. 강의에서 사용하는 전문 용어나 학문적인 표현은 매우 정확합니다. 그러나 청중이 그 언어를 받아들일 준비가 되어 있지 않다면, 그 정확함은 오히려 이해를 멈추게 만드는 요인이 됩니다. 설명이 이어질수록 청중의 머릿속에는 물음표만 쌓이게 됩니다.

강의 현장에서 전문 용어는 사용법이 필요한 도구와 같습니다. 적절한 상황에서 설명과 함께 사용하면 의미를 정확하게 전달할 수 있지만, 준비되지 않은 청중에게는 오히려 거리감과 부담을 느끼게 합니다.

그래서 강사는 단순히 지식을 많이 가진 사람이 아니라, **어려운 말을 쉬운 말로 바꾸어 전달하는 사람**이어야 합니다. 청중의 언어 수준과 맥락을 고려해 내용을 다시 풀어내고, 이해하기 쉬운 표현으로 재구성해야 합니다. 이것이 강의에서 요구되는 진짜 실력입니다. 얼마나 어려운 말을 했는지가 아니라, **얼마나 많은 사람이 이해했는가**로 강사의 실력은 평가됩니다. 강사는 지식을 그대로 옮기는 사람이 아니라, 의미가 도착하도록 돕는 번역가입니다.

1. 쉬운 비유로 연결하기

개념을 바로 정의하는 대신, 청중이 이미 알고 있는 것에 빗대어 설명해 보세요.

예를 들어 **메타인지**라는 말을 처음 들은 청중은 이후 교육에서 흥미를 잃게 됩니다. 모르는 이야기를 바로 질문하기도 어정쩡합니다. 듣기 싫어지죠.

하지만 **내가 뭘 알고, 뭘 모르는지를 스스로 아는 능력**이라고 풀어주면 고개가 끄덕여집니다. 여기에 예시를 더하면 효과가 배가됩니다

"시험공부를 하면서 '이 단원은 자신 있고, 이 단원은 헷갈려.'라고 구분할 수 있는 게 메타인지입니다."라고 말하면, 청중은 이 설명을 듣자마

자 머릿속에 장면을 그립니다.

여기서 반드시 기억할 것이 있습니다. '메타인지란,'으로 시작해서 지나치게 긴 시간을 용어 설명에 사용하는 것입니다. 초보 강사들이 많이 하는 실수인데요. 특히 오래전 주입식 암기 교육에 익숙했던 세대가 강사가 되면 강의란 모르는 것을 알게 하는 것, 용어를 설명하는 것이라는 오해를 하곤 합니다.

전체 강의 맥락과 흐름을 방해하지 않는 선에서 적절한 시간을 배분하는 것이 교육생의 집중과 관심을 유지하는 방법입니다. 정말 중요합니다.

2. 세 가지로 나눠 말하기

한 번에 너무 많은 걸 쏟아내면 아무리 좋은 내용도 흘러가 버립니다.

저는 3의 법칙을 자주 사용하는데요. "핵심은 세 가지"라고 먼저 말하고, 세 개라고? 하고 궁금할 때 하나씩 풀어가는 방식입니다.

사람의 뇌가 가장 편하게 기억하는 숫자가 셋이거든요. 예를 들어, '효과적인 회의 방법'을 설명할 때는 이렇게 합니다.

효과적인 회의의 조건은 무엇일까요?

딱 세 가지만 기억하면 되는데요.

첫째, 목표가 분명할 것.

둘째, 시간 안에 끝낼 것.

셋째, 결론을 반드시 기록할 것.

이 세 가지만 지키면 회의는 절반 이상 성공입니다.

이렇게 틀을 잡아 주면 청중이 길을 잃지 않습니다.

3. 추상어를 구체어로 바꾸기

의외로 많은 강사들이 '의미 있는 말'을 하려고 애쓰다가 정작 전달되지 않는 말을 하게 됩니다. 전문적으로 보이고 싶어서, 정리된 개념처럼 들리게 하고 싶어서 '동기부여', '태도의 변화', '몰입', '심리적 안정감' 같은 추상적인 단어들을 사용합니다.

하지만 이런 말들은 정의로는 맞아도 수강생의 머릿속에는 명확하지 않습니다. 강의 효과는 말이 맞느냐가 아니라, 말이 잘 이해되느냐에서 갈립니다.

강사에게 중요한 것은 어려운 개념을 더 정확하게 설명하는 능력이 아니라, 그 개념을 일상에서 바로 떠올릴 수 있는 말로 다시 말하는 능력입니다.

강의에서 어떤 방식으로 일상어·구체어로 바꾸어 말하면 좋을까요? '심리적 안정감'이라는 말을 정의로만 설명하면 머릿속에 아무 그림도 안 그려집니다. 대신 이렇게 얘기해 보세요.

회의 시간에 눈치 보지 않고
자유롭게 의견을 낼 수 있는 분위기,
바로 그게 심리적 안정감입니다.

통계나 숫자도 마찬가지입니다. '40% 감소'보다 '열 명 중 네 명이 줄어든 셈'이라고 말하면 훨씬 쉽게 다가옵니다.

4. 한 줄 정의로 시작하기

강의는 설명으로 시작하기보다 **정의로 시작하는 것이 효과적입니다.** 강의에 들어가기 전, 핵심을 담은 한 문장을 먼저 정리해 두는 것이 중요합니다.

예를 들어 협업을 설명할 때 이렇게 시작할 수 있죠.

협업은

혼자서는 못 하는 일을,

함께하면 더 잘할 수 있도록

만드는 기술입니다.

- 어려운 용어를 쓰면 반드시 옆에 생활 언어로 설명을 붙여주세요. 하지만 너무 길어지면 안 된다는 것도 꼭 기억하세요.
- 한 번에 최대 세 개의 핵심만 전달하세요.
- 비유와 사례를 섞으면 기억률이 최소 두 배 올라갑니다.

쉽게 말하는 건 어려운 걸 누구나 알 수 있게 바꾸는 일입니다. 이 역량은 강사의 진짜 실력입니다. 강의를 잘하고 싶다면 매일 연구하고 공부해야 합니다.

듣고 싶은 말을 재미있게 전달해라

03

강의 후 교육생이 떠올리는 건 슬라이드 속 문장이 아니라, 강사의 표정, 목소리, 그리고 그날 들었던 한 편의 이야기입니다. 좋은 강의는 시작부터 하나의 이야기를 품고 있습니다. 교육생은 그 이야기에 귀를 기울이며 장면 안으로 들어가고, 주인공의 감정을 함께 느낍니다. 이렇게 몰입한 순간의 기억은 오래 남습니다.

반면, 아무리 중요한 지식이라도 정의와 설명만으로 전하면 머릿속에 오래 머물기 어렵습니다. 사람의 뇌는 논리보다 감정을 먼저 받아들이고, 감정이 움직일 때 기억의 문이 열리기 때문입니다. 그래서 강의 초반에 스토리텔링을 배치하는 건 단순히 '분위기 풀기'가 아니라, 교육생의 뇌에 학습 채널을 열어주는 작업입니다.

스토리텔링이 강력한 이유는 단순합니다.

첫째, 장면과 이미지가 떠오르기 때문에 이해 속도가 빠릅니다.

둘째, 감정이 개입되면 뇌가 '중요한 정보'로 분류해 기억합니다.

셋째, 이야기는 메시지를 부드럽게 감싸서 거부감 없이 전달합니다.

예를 들어, '위기는 기회다,'라고 말하는 것보다, 실제로 위기 상황에서 어떻게 기회를 잡았는지 경험담을 들려주는 편이 훨씬 강력합니다. 김창옥 강사가 자주 쓰는 방식이죠. 그는 자신의 실수담이나 소소한 생활 이야기를 꺼내면서도, 그 안에 깊은 메시지를 심어 놓습니다.

교육생은 웃다가도 어느 순간 고개를 끄덕이며 그 메시지를 받아들입니다. 이야기는 길 필요도 없습니다. 짧아도 구조가 분명하면 됩니다. **상황을 제시하고 갈등이나 문제를 던지고, 해결 과정을 보여준 뒤 메시지로** 마무리하면 됩니다.

이 네 가지가 갖춰지면 짧은 일화 하나도 깊이 남는 강의가 됩니다. 강사라면 '스토리텔링'은 선택이 아니라 필수입니다. 효과적인 스토리텔링은 네 개의 단계를 거칩니다. **'상황 제시 → 문제 · 갈등 발생 → 해결 과정 → 교훈 또는 메시지'** 이 네 가지만 기억하면 짧은 에피소드 하나도 강력한 메시지가 됩니다.

예를 들어 '약속을 지키는 태도의 중요성'을 말하고 싶다고 가정해 보겠습니다. 이를 **그냥 말로 전달하면** 보통 이렇게 말하게 됩니다.

"사람 사이에서는 약속을 지키는 게 중요합니다. 작은 약속이라도 신뢰와 연결되기 때문에 가볍게 넘기면 안 됩니다."

이 말은 틀리지 않습니다. 의미도 분명합니다. 하지만 이 말이 오래 기억되거나 행동으로 이어지지는 않습니다. 왜냐하면 이 문장에는 상황도, 인물도, 변화도 없기 때문입니다. 같은 내용을 **스토리텔링 구조로 말하면** 전혀 다른 방식이 됩니다.

"한 사람이 친구와 간단한 약속을 잡았습니다. 큰일은 아니라고 생각해 시간을 조금 늦췄고, 미리 연락도 하지 않았습니다. 도착했을 때 친구는 이미 한참을 기다린 뒤였고, 표정은 이전과 달라져 있었습니다. 그날이후 두 사람의 관계는 예전처럼 자연스럽게 흘러가지 않았습니다. 그제야 그는 약속이 크고 작음의 문제가 아니라는 걸 깨닫게 되었습니다."

이 이야기를 들은 사람은 '약속은 중요하다.'는 문장을 외우지 않습니다. 대신 기다리는 사람의 표정, 늦게 도착한 순간의 분위기를 떠올리며 스스로 의미를 정리하게 됩니다. 메시지는 설명이 아니라 **상황 속에서 드러납니다.**

스토리텔링의 구조는 특별한 기술이 아닙니다. 상황을 제시하고, 그 안에서 문제가 발생하며, 선택이나 변화가 일어나고, 그 결과가 자연스럽게 드러나는 흐름입니다. 이 네 단계만 갖추어도, 일상적인 말 한마디는 단순한 의견이 아니라 전달력 있는 메시지가 됩니다.

강의에서 스토리텔링이 중요한 이유

일반적인 발표에서도 스토리텔링은 효과적이지만, 강의에서는 왜 필수라고 하는 걸까요?

강의 시작 직후 예상하지 못한 문제가 발생한 적이 있습니다. 피피티 연결이 되지 않아 준비한 자료를 바로 활용할 수 없는 상황이었습니다. 잠시 호흡을 가다듬은 뒤, 화면에 의존하지 않고 강의를 이어가기로 했습니다. 준비해 온 예시는 말로 설명하는 대신 직접 보여주었고, 교육생에게 더 가까이 다가가며 눈을 맞추고 반응을 확인하면서 강의를 진행했습니다.

자료가 없으니 강의의 속도와 방향은 자연스럽게 교육생의 표정과 질문에 맞춰 조정되었습니다. 설명은 즉각적인 예시로 대체되었고, 강의실 안의 거리도 눈에 띄게 가까워졌습니다. 결과적으로 작은 문제가 생겼지만, 오히려 소통의 밀도는 더 높아졌습니다.

저는 그날 이 작은 사건을 강의안에 바로 넣어봤습니다. 함께 활동할

그룹의 친밀도를 높이고 팀워크를 강화하는 강의였기 때문에 주제에 맞게 이렇게 말했습니다.

"오늘은 작은 문제가 하나 생겼지만, 덕분에 여러분과 더 가까이 소통할 수 있었습니다. 여러분들의 협조로 저는 전혀 불편하지 않았는데요. 어떠셨어요? 더 좋으셨죠? 여러분들의 앞으로의 활동에서도 작은 문제는 계속 생기게 될 겁니다. 하지만 우리는 잘 해결해 나갈 겁니다. 오늘처럼요."

교육생들은 고개를 끄덕이며 공감해 주셨는데요. 스토리의 기본 구조를 그대로 사용한 좋은 예시라고 생각합니다. **상황 제시 → 문제·갈등 발생 → 해결 과정 → 교훈 또는 메시지로** 함께 경험한 일을 말하는 것으로 교육장의 분위기가 달라지는데요. 팀원들은 서로 눈을 맞추고 서로를 응원하고 있었습니다. 교육 목표가 달성되고 교육생들의 만족스러운 표정을 보는 그 순간이 강의하는 맛 아닐까요? 준비한 자료를 모두 보여주지는 못했지만, 상황에 대한 대처 방식 자체가 하나의 메시지가 되었습니다.

스토리텔링은 강의에 활력을 더해주기도 합니다. 강의는 보통 30분~2시간 이상 이어지므로, 청중의 집중력이 쉽게 떨어집니다. 이때 재밌는 이야기는 '집중 부스터' 역할을 할 수 있는데요. 강사는 단순한 지식 전달자가 아니라, 경험을 나누는 사람으로 이미지가 바뀌고, 교육생은 강사의 말뿐 아니라 강사 자체를 신뢰하게 됩니다.

많은 초보 강사들이 흔히 빠지는 함정이 있습니다. 자신의 언어보다 **외부의 말에 의존하는 방식**으로 강의를 구성하는 것입니다. 강의를 준비하다 보면 자연스럽게 이론과 정의, 유명 인물의 발언을 중심에 두게 되지만, 그 비중이 지나치게 커질수록 강의는 점점 설명 위주로 흘러가게 됩니다.

예를 들어, '아인슈타인이 이런 말을 했다.'거나 '유명 CEO가 이렇게 말했다.'는 식으로만 강의가 이어지면, 교육생은 처음엔 고개를 끄덕이지만, 강의안에 강사의 생각이 없다는 걸 알아차리게 됩니다. 신뢰가 떨어지면 몰입이 어렵습니다. 좋은 말도 좋지만, 강사의 생각을 전해야 하는데요. 이럴 때 필요한 것이 자신의 실제 경험과 주변 사례입니다. 김창옥 강사의 강연을 떠올려 보세요. 화려한 외부 사례나 어려운 용어보다, 자기 경험과 생활 속 사례를 유쾌하게 풀어내는 순간, 청중은 공감하고 몰입합니다.

우리 강의에서도 이렇게 해야 합니다. 실패담, 시행착오, 순간적인 당황, 웃음 포인트—모두 청중과 연결되는 '진짜 이야기'입니다.

좋은 이야기와 나쁜 이야기

좋은 스토리텔링은 어떤 것일까요? 모든 재밌는 이야기가 무조건 좋은 건 아닙니다.

주제와 상관없는 잡담은 몰입을 깨버립니다. 재미있더라도 메시지와 연결되지 않으면 과감히 빼야 합니다. 강의 준비할 때 스스로 물어보세요.

"이 이야기가 주제와 무슨 관계가 있는가?"

"청중은 이 이야기에서 무엇을 느끼고, 무엇을 기억할 것인가?"

이 두 질문에 명확하게 답할 수 있다면, 그 이야기는 강의에 넣어도 좋습니다.

실패담 활용하기

성공담보다 실패담이 훨씬 인간적입니다. 청중은 완벽한 강사보다 '나와 비슷한 사람이 노력하는 모습'에서 더 크게 공감합니다. 단, 실패담은 자책으로 끝내지 말고 반드시 교훈으로 마무리해야 합니다.

'실패했지만 이렇게 바꿨더니 결과가 달라졌다.'라는 식으로, 청중이 따라 할 수 있는 포인트를 주세요.

청중을 주인공으로 만들기

"제가 겪은 일인데요."보다, "혹시 여러분도 이런 경험 있으신가요?"라고 물으면, 청중이 바로 이야기 안으로 들어옵니다. 강사의 경험에 자기 경험을 대입하며 깊이 공감하게 되는 순간입니다.

　나만의 이야기가 '우리 이야기'로 확장되는 순간 몰입도는 훨씬 높아집니다.

시간과 공간을 구체적으로 표현하기

　'예전에 한 번'보다, '작년 7월, 장마가 한창이던 어느 날'처럼 말하면 청중은 머릿속에 장면을 그립니다. 머릿속에 그려진 그림은 몰입을 높이고, 흥미를 일으킵니다.

　장면이 그려지면 감정이 따라오고, 감정과 함께 들은 메시지는 아주 오래 기억됩니다.

짧고 명확하게, 핵심 반복하기

　이야기를 길게 늘어놓으면 집중력이 떨어집니다. 중요한 메시지는 짧게 반복하면서 강조하세요.

　"결국 중요한 건 뭐냐? 내 대응이 결과를 만든다—이거예요."
　이렇게 한 번 더 짚어주면 청중은 놓치지 않습니다.

상황과 감정을 함께 묘사하기

단순 사건 나열보다, 감정을 함께 설명하면 청중이 몰입합니다.

예: "순간 당황했지만, 얼굴이 빨개지고 손이 떨렸습니다. 그럼에도 숨을 크게 들이마시고…."

이렇게 말하면, 청중은 '나도 그 순간 느낄 수 있겠구나.'라고 공감합니다.

메시지와 연결된 유머 사용

강의에 웃음을 섞으면 참여도와 기억률이 높아집니다. 단, 메시지와 연결된 짧은 유머가 좋습니다. 웃기기만 한 주제와 무관한 유머는 오히려 몰입을 깨버리니 주의하세요.

[강의 초반 스토리텔링 예시]

실패에서 배운 교훈형

"제가 강의 처음 시작했을 때였어요. 앞에 앉은 분이 강의 시작 10분 만에 꾸벅꾸벅 졸기 시작하더라고요. 그날 저는 '아, 말만 잘한다고 좋은 강의가 아니구나'라는 걸 뼈저리게 느꼈습니다. 그때부터 제가 바꾼 게 하나 있는데요. 오늘 그 이야기를 해드리겠습니다."

일상 공감 유도형

"혹시 오늘 아침에 커피 한잔하셨나요? 저도 출근길에 커피를 마셨는데, 문득 생각이 났어요. 강의도 이 커피처럼 내 취향에 맞아야 끝까지 집중할 수 있다는 거죠. 오늘은 여러분 취향에 꼭 맞는 강의를 해볼게요."

위기 극복 에피소드형

"몇 년 전, 마이크가 고장 난 채로 강의를 시작해야 했던 적이 있습니다. 순간 '아, 망했다.' 싶었죠. 그런데 오히려 그 시간이 청중과 더 가까워지는 계기가 됐어요. 그때 깨달았습니다. 상황이 아니라, 대처가 결과를 바꾼다는 걸요."

스토리텔링을 더 잘하는 네 가지 팁

1. 짧게 쪼개라

이야기가 길어질수록 청중의 집중도는 급격히 떨어집니다. 말하는 사람은 흐름을 알고 있어 이야기가 길다고 느끼지 않지만, 듣는 사람은 결말을 예측할 수 없는 상태에서 정보를 계속 받아야 합니다. 특히 말하기 상황에서는 청중이 다시 되돌려 들을 수 없기 때문에 이야기가 2~3분을 넘어가면 핵심이 희미해지고 피로도가 높아집니다. 짧은 이야기 하나는 끝까지 따라가게 만들지만, 긴 이야기는 중간에서 집중을 놓치게 합니다. 그래서 에피소드는 가능하면 짧게 끊어 전달하는 것이 효과적입니다.

2. 감각을 사용하라

사람은 설명보다 장면을 더 잘 기억합니다. '힘들었다', '긴장됐다' 같은 추상적인 표현은 의미는 전달되지만 머릿속에 남지 않습니다. 반면 "겨울이었고, 입김이 허옇게 나왔다."처럼 시각 · 촉각 · 온도와 같은 감각 정보가 들어가면 청중은 말을 듣는 동시에 장면을 떠올리게 됩니다. 이때 청중은 이해하는 쪽이 아니라, 상황을 함께 경험하게 됩니다. 감각을 사용하는 이유는 이야기를 생생하게 꾸미기 위해서가 아니라, **이해를 설명이 아닌 체험으로 바꾸기 위해서**입니다.

3. 자신의 경험을 써라

유명인의 사례는 익숙하고 안전해 보이지만, 동시에 누구나 할 수 있는 이야기이기도 합니다. 청중은 그 말을 통해 정보를 얻을 수는 있어도, 말하는 사람과의 거리감은 쉽게 좁혀지지 않습니다. 반면 자신의 실제 경험은 완벽하지 않아도 그 사람만이 할 수 있는 이야기입니다. 실패, 시행착오, 당황했던 순간은 강사의 취약함이 아니라 신뢰의 근거가 됩니다. 어느 강사의 강연이 유독 공감을 얻는 이유는 외부의 화려한 사례보다 자신이 겪은 경험과 생활 속 장면을 중심으로 이야기를 풀어내기 때문입니다. 자신의 이야기를 하는 것은 특별해서가 아니라, **진짜이기 때문에** 힘을 가집니다.

4. 메시지를 반드시 붙여라

아무리 재미있는 이야기라도 주제와 연결되지 않으면 청중에게는 잡담으로 남습니다. 이야기를 듣는 동안에는 웃고 공감할 수 있지만, 강의가 끝난 뒤 '그래서 무슨 이야기였지?'라는 질문이 남게 됩니다. 메시지를 붙인다는 것은 교훈을 억지로 강조하라는 뜻이 아닙니다. 이야기의 끝에서 그 경험이 왜 지금 이 주제와 연결되는지를 분명히 짚어주는 것입니다. "그래서 이 이야기가 오늘 주제와 어떤 관계가 있느냐면…"이라는 한 문장은, 청중의 경험을 다시 주제로 끌어오는 역할을 합니다. 이 연결이 있을 때 이야기는 재미를 넘어서 의미가 됩니다.

대중 강연에서 스토리텔링은 단순히 '재미있는 이야기'를 하는 것이 아닙니다. 강사의 경험, 실패와 성공, 감정과 상황을 적절히 섞어 청중이 머릿속에서 장면을 그리게 만드는 몰입 기술입니다. 강의 준비할 때, 한두 개의 전략적 이야기를 넣어 보세요. 청중은 단순히 강의를 듣는 것이 아니라, 함께 살아가는 경험을 하게 될 것입니다.

지식은 오래 기억되고, 메시지는 마음속 깊이 남습니다.

매력 있는 말하기는 방법이 다르다

04

전달력을 높이는 '공백'

강의에서 많은 강사들이 쉽게 간과하는 요소가 있습니다. 바로 **'공백'**, 즉 말하지 않는 시간입니다. 강사는 말로 시간과 공간을 채우는 사람이라고 생각하기 쉽습니다. 그러나 강의가 효과적으로 전달되기 위해 반드시 쉼 없이 말해야 하는 것은 아닙니다.

강의장 안에서의 침묵을 두려워할 필요는 없습니다. 잠깐의 공백으로 강의는 단절되지 않습니다. 오히려 의미 있는 소통이 시작됩니다. 청중은 강사가 말을 멈추는 짧은 순간 스스로 생각합니다. 방금 들은 내용을 정리하고, 이해했는지, 공감하고 있는지를 스스로 확인하는 시간입니다.

공백을 통해 강사는 청중의 이해도를 확인할 수 있고, 청중은 메시지를 더 깊이 받아들일 수 있습니다. 강사가 말을 멈추면 청중은 자연스럽게 시선과 표정으로 반응을 보입니다. 고개를 끄덕이거나, 눈빛이 흔들리거나, 잠시 생각에 잠기기도 합니다. 강사는 이 반응을 통해 청중의 이해 상태를 읽고, 다음 설명의 속도와 방향을 조정할 수 있습니다.

이 과정이 반복될 때 강의는 일방적인 전달에서 벗어납니다. 말하는 사람과 듣는 사람이 서로의 반응을 주고받는 **쌍방향 경험**이 됩니다. 말과 말 사이의 짧은 멈춤이 쌓일수록 강사와 청중의 호흡은 맞아가고, 강의 전체의 몰입도는 오히려 높아집니다. 강의에서의 공백은 비어 있는 시간이 아니라, **의미가 채워지는 시간**입니다.

"오늘 강의에서 가장 핵심적인 부분은… **(잠시 멈춤)**…바로 협업의 힘입니다."

이처럼 의도적인 짧은 침묵은 메시지에 무게를 더합니다. 말과 말 사이의 공백은 청중의 시선을 한 지점으로 모으고, 다음에 이어질 말을 자연스럽게 기다리게 만듭니다. 강사가 멈춘 그 순간, 청중은 다음 말이 궁금하고, 주의는 오히려 더 집중됩니다.

중요한 메시지 앞뒤에 짧은 멈춤을 주는 것만으로도 전달력은 눈에 띄게 달라집니다. 이 작은 차이가 강의의 인상을 바꾸고, 핵심을 오래 기억하게 만듭니다. 공백은 말을 끊는 장치가 아니라, **말을 돋보이게 하는 장치**입니다.

공백을 활용한 구체적인 방법과 예시

공백은 즉흥적으로 생기는 시간이 아니라, 의도적으로 설계해야 하는 강의 기술입니다. 말과 말 사이의 짧은 멈춤은 메시지의 무게를 키우고, 청중의 집중을 다시 끌어옵니다. 다음은 강의 현장에서 바로 활용할 수 있는 공백의 대표적인 사용 방식입니다.

1. 핵심 메시지 직후 2~3초 멈추기

강의에서 가장 중요한 메시지를 전달한 뒤, 바로 다음 말을 이어가지 말고 2~3초 정도 잠시 멈춰 보세요. 이 짧은 공백 동안 청중은 방금 들은 말을 자연스럽게 되새기게 됩니다. 핵심은 반복해서 설명하는 것이 아니라, **생각할 시간을 주는 것**입니다.

예시

"이 프로젝트가 성공할 수 있었던 이유는… **(잠시 멈춤)**…팀원들이 서로 믿고 도왔기 때문입니다."

이렇게 말하면 청중은 '아, 지금 이 말이 핵심이구나.' 하고 자연스럽게 집중하게 됩니다.

2. 긴 문장은 중간에서 끊어 주기

한 호흡에 문장을 길게 이어가면 목소리 톤이 흔들리고, 청중도 내용을 따라가기 어려워집니다. 문장의 의미 단위마다 잠시 숨을 고르며 공백을 만들어 주세요. 중간 멈춤 덕분에 청중은 문장을 한 단계씩 소화하며 이해할 수 있습니다.

예시

"이번 실험 결과를 보면… **(숨 고르기)**…예상과 달리 데이터가 크게 변하지 않았습니다."

이 방식은 전달력을 높일 뿐 아니라, 강사 자신의 발성과 호흡에도 도움을 줍니다.

3. 질문 후 침묵 사용하기

청중에게 질문을 던진 뒤, 바로 답을 말하지 말고 2~5초 정도 기다려 보세요. 이때는 시선을 청중 전체로 천천히 나누는 것이 좋습니다. 그 시간 동안 청중은 마음속으로 자신의 답을 떠올리게 됩니다.

중요한 점은, 이 질문에 반드시 정답이 있어야 하는 것은 아니라는 점입니다. 강의에서의 질문은 답을 듣기 위한 장치가 아니라, **생각을 시작하게 하는 장치**입니다.

예시

"여러분, 지난 한 달 동안 가장 큰 성취를 느꼈던 순간이 언제였나요?… **(잠시 기다림)**…네, 바로 그 순간의 감정이 오늘 이야기의 출발점입니다."

4. 감정 강조를 위한 공백 활용하기

감동적인 이야기나 실패 경험을 나눌 때도 공백은 중요한 역할을 합니다. 밀을 계속 이어가기보다, 감정이 고조되는 지점에서 잠시 멈춰 보세요. 그 침묵 속에서 청중은 이야기를 '듣는 사람'이 아니라 '느끼는 사람'이 됩니다.

예시

"그날, 저는 실패의 순간을 마주했습니다… **(잠시 멈춤)**…하지만 그 경험이 오늘의 저를 만들었습니다."

이때 표정, 시선, 제스처와 함께 공백을 사용하면 메시지는 훨씬 더 깊이 전달됩니다.

5. 유머와 함께 공백 활용하기

웃음을 유도할 때도 공백은 필수입니다. 농담을 던진 직후 강사가 먼저 웃어버리면, 청중은 웃을 타이밍을 놓치게 됩니다. 웃음이 나올 수 있도록 잠시 기다려 주는 것, 그것이 공백의 역할입니다.

예시

"저는 하루에 세 번 커피를 마셔야 집중이 되는데요… **(청중 웃음, 잠시 멈춤)**…혹시 여러분도 그렇지 않나요?"

웃음과 공백이 함께할 때, 강의는 더 여유롭고 편안한 분위기로 이어집니다.

공백은 말을 줄이는 기술이 아닙니다. 말을 더 또렷하게 만들고, 의미를 오래 남게 하는 전달의 기술입니다. 강의에서의 침묵은 어색한 공백이 아니라, 청중이 생각하고 이해할 수 있도록 마련된 시간입니다. 핵심 메시지 뒤의 짧은 멈춤, 긴 문장을 나누는 숨 고르기, 질문 후 기다림, 감정을 살리는 침묵, 웃음을 위한 여유까지 모두가 의도된 공백입니다.

잘 설계된 공백은 강사의 전문성을 드러냅니다. 강사는 더 많이 말하지 않아도 됩니다. 언제 멈추고, 언제 기다릴지 아는 사람이 오히려 강의를 안정적으로 이끌어 갑니다. 이때 강의는 일방적인 전달을 넘어, 강사와 청중이 호흡을 맞추는 경험으로 바뀝니다

침묵을 두려워하지 마세요. 침묵의 시간이 어색하게 느껴질 수 있지만, 청중에게는 집중과 이해의 시간입니다.

호흡과 연결하세요. 공백을 만들면서 동시에 복식호흡을 사용하면 목소리 톤도 안정되고, 긴장도 풀립니다.

중요 메시지마다 공백을 넣어 강조하세요. 메시지가 살아 움직이고, 청중은 강의를 '함께 느끼는 경험'으로 받아들입니다.

강의 준비할 때부터 공백을 기획하세요. 핵심을 정하고 거기에 자연스럽게 공백을 넣어 보세요. 말보다 침묵이 강한 순간, 청중은 강사의 말 하나하나에 집중하며, 몰입과 이해가 동시에 올라갑니다.

내 강의를 더 잘 들리게 하는 방법

좋은 강의를 잘 전달하기 위해 강사의 말이 얼마나 또렷하게, 그리고 귀에 잘 들어오게 전달되느냐는 아주 중요합니다. 아무리 좋은 내용도 청중이 '잘 들리지 않으면' 의미가 반감됩니다.

강사의 메시지가 마음에 닿으려면, 먼저 귀에 잘 들려야 하는데요. 잘 들리는 말하기는 '타고난 목소리'가 아니라 훈련된 전달 기술에서 나옵니다. 적절한 속도, 명확한 발음, 그리고 강조와 멈춤을 활용하는 방법들이 여기에 포함되죠.

청중은 강사의 목소리를 따라 강의에 집중하기 때문에, 잘 들리는 말하기는 단순한 기술이 아니라 강사의 신뢰도를 높이는 핵심 자산이라고 할 수 있습니다.

톤과 음성 변화

- 한 톤으로 계속 말하면 청중이 금방 지칩니다.
- 중요한 부분은 낮게, 설명이나 친근한 부분은 밝게, 질문할 때는 살짝 올리는 식으로 톤을 2~3단계 변주하면 청중의 귀가 계속 집중합니다.
- 예시:
  "이 부분이 핵심입니다!" (낮게, 무게감 있게) → "하지만 이렇게 하면 쉽죠~" (밝고 친근하게)

속도 조절

- 너무 빠르면 발음이 흐려지고, 청중이 따라오기 힘듭니다.
- 너무 느리면 지루합니다.
- 핵심 메시지는 한 박자 느리게, 설명이나 부가 내용은 자연스럽게 말하는 게 좋습니다.

복식호흡 활용

- 목소리의 힘과 안정감은 호흡에서 나옵니다.
- 배로 숨을 들이마시고 천천히 내쉬면서 말하면 목소리가 단단하고 울림이 생깁니다.
- 특히 마이크가 있어도 복식호흡을 유지하면 톤이 흔들리지 않고 안정적입니다.

발음과 발성

- 입을 충분히 열고 모음을 정확히 발음하면 단어가 또렷하게 들립니다.
- 혀, 입술, 성대를 적극적으로 활용해 말이 공명하도록 해야 합니다.
- 발음이 또렷하면 작은 목소리도 잘 전달됩니다.

강세와 리듬

- 말의 흐름에 강세와 리듬을 넣으면 듣는 재미가 생깁니다.
- 핵심 단어를 강조하고 반복적인 문장은 리듬을 살려 말하면 청중이 훨씬 쉽게 따라옵니다.

시선과 제스처

- 말만 잘해도 좋지만, 시선과 손동작이 함께하면 메시지가 훨씬 명확해집니다.
- 청중과 시선을 나누고, 중요한 사항에서는 손으로 가리키거나 제스처를 활용하세요.

- 시각적 단서가 생기면 청중이 '잘 들었다'라는 느낌을 더 쉽게 얻습니다.

잘 들리는 말하기는 단순히 목소리가 크거나 공백만 있는 것이 아니라, 톤 · 속도 · 호흡 · 발음 · 리듬 · 시선 · 제스처가 함께 조화를 이뤄야 완성됩니다.

정말 열심히 준비한 내 강의가 제대로 잘 전달될 수 있도록 다양한 시도가 필요합니다. 나에게 편하고 잘 맞는 방법을 찾아 내 것으로 만들어 보세요.

무대에 서기 전에 성패는 정해져 있다

처음 고등학교에 들어가 강단에 섰던 날을 아직도 잊을 수 없습니다. 강사가 된 지 19년 차가 되던 그해, 저는 학원강사에서 프리랜서 진로 강사로 새로운 커리어를 시작했습니다.

학원강사에서 원장으로 교과 강의만 한 건 아니었습니다. 진로와 진학을 주제로 대중 강연의 기회도 많았습니다. 학생들을 가르치는 일뿐 아니라 학부모님들을 모시고 강연하거나 학원 설명회도 꾸준히 해왔기 때문입니다. 대강당에서 수백 명의 학부모님 앞에 서도 크게 떨리지는 않았습니다.

그런데 이상하게도, 고등학교 교실로 들어가던 그 순간은 어찌나 떨리던지, 마치 19년 전 처음 강의하던 그날로 돌아간 것 같았습니다. '처음'이라는 단어에는 늘 설렘과 함께 잘하고 싶은 욕심, 그리고 실패를 걱정하는 마음이 함께 있습니다. 아마도 저는 정말 잘 해내고 싶었나 봅니다.

그래서 심장은 미친 듯이 뛰었던 거죠. 오랜 경력을 가진 사람도, 이제 막 시작하는 사람도, 새로운 무대 앞에서는 똑같이 긴장하고 떨게 되는 건 자연스러운 일입니다.

수능이 끝나고 며칠 지나, 무언가 새로운 것을 배울 의지가 전혀 없어 보이는 아이들과 마주했던 그날. 사실 처음엔 "이 2시간을 어떻게 버텨내야 하나?" 싶었습니다. 그런데 신기한 경험이 일어났습니다.

강의실 문을 열고 들어설 때의 두근거림은 분명 '실수에 대한 두려움'이었습니다. 하지만 시간이 지나 아이들이 하나둘 엎드린 자세에서 일어나 제 말을 듣고, 눈을 맞추며 질문을 건네기 시작할 때, 그 두근거림은 완전히 다른 의미로 변했습니다.

내가 잘 해내고 있다고 생각하는 순간 두근거림은 달라졌습니다. 더 잘하고 싶은 마음, 더 전하고 싶은 열망이 더해져 열정을 쏟았고, '긴장'은 '재미'가 되었습니다. 기분 좋은 긴장은 무대를 움직이는 에너지였던 것이죠.

열심히 준비해도 강의만 하려면 떨리나요? 강의에서 긴장은 사라져야 할 대상이 아니라, 다스려야 할 에너지입니다. 긴장은 청중을 진심으로 대하고 있다는 증거입니다. 그리고 그 긴장을 나를 흔드는 '적'으로 두느냐, 나를 빛내는 '에너지'로 삼느냐에 따라 무대 위의 강의는 전혀 다른 결과를 만들어냅니다.

1. 인사가 곧 무대의 첫인상

무대 위 첫 순간, 긴장을 가장 쉽게 푸는 방법은 인사입니다. 인사는 단순히 예의를 갖추는 절차가 아니라, 청중과의 첫 번째 교감이자 마음의 거리를 좁히는 기회입니다.

밝고 여유 있는 인사 한마디에 청중은 '아, 이 강사와 편안하게 소통할 수 있겠다.'라고 신뢰하게 됩니다. 그 순간 강사도 스스로 긴장을 누그러뜨리며 강의의 흐름을 안정적으로 시작할 수 있습니다.

또한 인사는 강의 주제로 자연스럽게 이어지는 징검다리 역할을 합니다. 짧은 안부나 공감의 한마디를 던진 뒤, 바로 핵심 주제로 넘어가기보다, 인사 속에 그날의 주제와 관련된 이야기를 살짝 넣어주면 훨씬 자연스럽게 연결할 수 있습니다. 이렇게 하면 청중은 거부감 없이 이야기 속으로 몰입하게 되고, 강의 시작부터 친밀감과 주제 몰입을 동시에 잡을 수 있습니다. 청중에게 전문성과 신뢰감을 전달하는 인사는 어떻게 준비하면 좋을까요?

1. 자신의 역할과 경력을 간단히 소개합니다

"안녕하세요, 저는 19년간 학생들과 성인을 대상으로 진로 강의를 해온 ○○○강사입니다."

2. 주제와 연결된 한 줄 메시지를 포함합니다

"오늘은 여러분이 앞으로 나아갈 길을 스스로 설계하는 방법에 대해 이야기하려고 합니다."

3. 눈빛과 목소리 톤으로 신뢰감을 강화합니다

시선을 골고루 돌리며 말하고, 너무 높지 않은 안정적인 톤을 사용하면 청중은 자연스럽게 집중하며 믿음을 갖게 됩니다.

세 가지 요소를 결합하면, 짧은 인사만으로도 청중에게 전문성과 신뢰를 동시에 전달할 수 있습니다. 여기에 중요한 점은 인사를 잘 꾸미는 것이 아니라, **첫 문장에서 이미 '이 사람의 이야기는 들어볼 만하다.' 하고 믿음을 주는 것**입니다. 강의의 흐름은 인사에서 이미 절반 이상 결정되며, 이 짧은 시작이 이후 내용에 대한 집중도와 참여도를 자연스럽게 끌어올립니다. 잠시 나를 소개하는 한 줄 문장을 만들어볼까요?

강의를 듣고 싶게 만드는 강사 소개

1. 인사 + 나의 역할과 경력을 포함한 이름 소개

2. 강의 주제를 포함한 오늘 강의 목적

2. 강의 전 시나리오 작성하기

강사의 자신감은 타고나는 것이 아니라, **준비의 방식**에서 만들어집니다. 강의 전 시나리오를 써보는 일은 말을 외우기 위한 준비가 아닙니다. 이는 강의를 어떻게 운영할지에 대한 **전략을 세우는 과정**입니다.

강의는 즉흥적인 말하기처럼 보이지만, 실제로는 수많은 기획의 결과물입니다. 어떤 지점에서 이야기를 시작할지, 어디에서 속도를 조절할지, 어떤 메시지를 중심에 둘지에 따라 강의는 완전히 달라집니다. 시나리오 작성은 강의 전체를 미리 확인하는 일입니다.

시나리오는 개요 수준의 메모가 아니라, **실제 강사가 무대에서 말할 언어로 대본처럼 작성하는 것이 효과적**입니다. 문장을 직접 써 내려가는 과정에서 말의 길이와 호흡, 강조 지점을 미리 점검할 수 있기 때문입니다. 여기에 각 구간별 **예상 소요 시간을 함께 표시해 두면**, 강의 흐름과 시간 운영까지 동시에 설계할 수 있습니다.

또한 시나리오는 강의의 완성도를 일정하게 유지해 줍니다. 기본 구조가 분명하게 정리되어 있으면, 현장의 분위기나 청중의 반응에 따라 표현과 속도를 조절하더라도 강의의 방향은 흔들리지 않습니다. 예상치 못한 질문이나 시간 조정, 돌발 상황이 발생하더라도 무엇을 중심에 두고 대응해야 하는지가 분명해 유연하게 대처할 수 있습니다. 잘 준비된 시나리오는 강의의 기준점이 됩니다.

3. 직접 시연하고 확인하기

시나리오만 쓰고 끝내면 아직 반쪽짜리 준비입니다. 진짜 힘을 발휘하는 건 직접 시연입니다. 거울 앞에서 해도 좋고, 휴대전화로 촬영해도 좋습니다. 시연 모니터링을 통해 다음을 확인할 수 있습니다.

· 내 목소리 톤이 어떻게 들리는가.
· 손동작이나 표정이 어색하지는 않은가.

- 공백을 주는 타이밍이 적절한가.

휴대전화로 강의를 녹화하면 자신이 생각했던 모습과 실제 전달되는 모습이 얼마나 다른지 깨닫게 됩니다. 고쳐야 할 습관이 보이고, 잘하고 있는 점도 확인할 수 있습니다. 강의 전 시연을 통해 나의 목소리와 강의가 어떻게 전해지는지 확인하고 필요한 부분을 보완해 보세요. 자신감이 생기고 실제 강의에서 훨씬 여유를 갖게 됩니다.

4. 여유 있는 태도 유지하기

강의 현장은 언제나 계획대로만 흘러가지 않습니다. 예상보다 시간이 빠르게 지나가기도 하고, 자료가 갑자기 보이지 않거나, 청중의 반응이 생각과 다를 때도 있습니다. 이러한 돌발 상황은 특별한 경우가 아니라, 강의 현장에서 늘 함께하는 변수입니다.

강의 도중 실수를 하거나 예상치 못한 상황이 생길 수 있습니다. 자료가 잠시 맞지 않거나 말이 끊기는 순간도 있고, 준비한 순서대로 진행되지 않는 경우도 있습니다. 이때 이를 모른 척 지나치거나 급하게 이어가려 하면, 강의의 전달력이 오히려 떨어지기 쉽습니다.

반대로 잠시 멈춰 상황을 정리하고, 정돈된 말로 다시 설명을 이어가면 강의는 빠르게 안정됩니다. 청중은 강사가 상황을 인지하고 통제하고 있다는 느낌을 받게 되고, 집중 역시 자연스럽게 회복됩니다.

청중은 이런 순간을 통해 강사의 역량을 판단합니다. 예상과 다른 상황에서도 침착하게 흐름을 정리하고 다음 단계로 이어가는 모습을 보며, 강의 경험과 준비의 깊이를 자연스럽게 느끼게 됩니다. 이때 드러나는 여유는 말솜씨에서 비롯되는 것이 아니라, 강의 전체를 바라보고 판단할 수 있는 시야에서 나옵니다.

상황을 관리하는 능력 역시 강사에게 필요한 중요한 역량입니다. 강의는 계획한 내용을 그대로 전달하는 데서 끝나지 않습니다. 예측하기 어려운 상황 속에서도 강의의 중심을 놓치지 않을 때 강의는 끝까지 안정적으로 이어집니다. 이러한 태도는 연출된 모습이 아니라, 충분한 준비와 반복된 경험을 통해 자연스럽게 만들어지는 강사의 힘입니다.

STEP 4

강사는 어떻게 지속될 수 있는가

STEP 4는 강사를 '한 번 잘하는 사람'이 아니라 다시 만나고 싶은 사람으로 만드는 단계입니다.

강사의 성장은 단발성 성과가 아니라, 일상과 기준이 쌓여 만들어집니다. 이 단계에서는 강사의 실력을 만드는 하루 루틴과 공부의 방향을 점검하며, 무작정 배우기보다 자신만의 기준을 세우는 이유를 짚습니다. 또한 다양한 경험을 통해 가능성을 넓히되, 결국 선택과 집중이 왜 필요한지 다룹니다. 그리고 프로필 · 제안서 · 강의료 협상처럼 현실적인 준비가 강사의 지속성을 어떻게 결정하는지도 함께 배웁니다.

STEP 4의 핵심은 강의를 취미가 아닌 직업으로 관리하는 관점입니다.

읽어 나가며 스스로에게 질문해 보시기 바랍니다.

> **나는 강사로서
> 어떤 기준을 가지고 있는가?**

> **지금의 준비가 1년 뒤에도
> 나를 지켜줄 수 있는가?**

하루 루틴이
강사의 실력을 만든다

01

프리랜서 강사의 삶은 자유로워 보입니다. 출퇴근 시간도 없고, 자신의 방식대로 하루, 한 달을, 1년을 설계할 수 있습니다. 이 자유는 양날의 검과 같은데요. 강의를 많이 하면 수입이 늘어나지만 그만큼 몸이 힘들고, 쉬는 날이 많으면 불안한 프리랜서이기 때문입니다. 자유는 동시에 무거운 책임을 동반합니다. 자신을 다스리지 못하면 금세 무질서에 빠지고, 강의의 질도 흔들리게 됩니다. 성과는 점점 멀어지겠죠?

성과를 내면서 건강한 몸과 마음 상태를 유지하는 방법은 '강사의 삶의 습관'과 '자기 관리'에 있습니다. 자기 관리는 단순히 개인적인 관리가 아닙니다. 강사 자신이 곧 강의의 도구이자 콘텐츠이기 때문에, 자기 관리는 곧 강의 품질을 지키는 가장 중요한 투자입니다.

오래 활동하는 강사의 '성과로 이어지는 하루의 루틴'을 이야기해 볼까요? 그 핵심은 네 가지로 정리해 볼 수 있는데요. **시간 관리, 건강관리, 지**

식 관리, 그리고 마음(멘탈) 관리입니다.

시간 관리

프리랜서 강사의 하루는 자유로운 만큼 산만해지기 쉽습니다. 특히 초보 강사는 강의 준비에 예상보다 훨씬 많은 시간을 쓰게 되는데요. 한 달의 시간과 에너지를 들이지만 강의 횟수는 적고, 수입도 만족스럽지 못합니다. 어느 날은 성취감보다 허무함을 느끼기도 합니다.

경력이 쌓이면 조금 나아질까요? 강사의 시급이 다른 일보다 높은 이유는, 강의장 밖에서 준비하고 공부하는 시간과 노력이 포함되기 때문인데요. 강의가 많아지면 거의 모든 시간을 강의 준비에 사용하고 휴식이나 인간관계를 위한 시간은 엄두도 못 냅니다.

결국 시간 관리를 잘해서 삶의 균형을 찾는 것, 행복감을 유지하는 것은 모든 강사가 해야 할 자기 관리의 기본입니다.

하루 루틴을 갖고, 스스로 만든 시간표를 따라 일과 휴식의 균형을 잡아보세요. 나에게 맞는 스케줄러를 직접 만들어 활용하는 것도 좋습니다. 저는 한 달 일정을 한눈에 확인할 수 있는 월간과 하루를 돌아보는 주간 계획표를 함께 사용하는데요. 매일의 일정 기록과 꼭 해야 할 일들 그리고 간단한 공부 메모까지 정리할 수 있도록 '이기양 맞춤 캘린더'를 직접 만들어서 시간을 관리하고 있습니다. 여러 가지 방법을 시도해 보고 자신에게 딱 맞는 시간 관리 도구를 찾아보세요.

- **루틴 세우기: 일정한 기상·취침 시간으로 하루의 리듬 만들기**

강사의 하루는 일정이 들쭉날쭉해지기 쉽습니다. 이동과 강의 시간에 따라 생활 패턴이 무너지면 컨디션 관리가 어려워집니다. 일정한 기상과 취침 시간은 하루의 기준점을 만들어 주고, 몸과 집중력을 빠르게 회복하게 합니다. 강사에게 루틴은 자유를 제한하는 장치가 아니라, 강의를 안정적으로 지속하기 위한 최소한의 틀입니다.

- **우선순위 정하기: 준비 – 수행 – 정리 – 학습 시간을 분리해서 계획하기**

강의 일은 준비, 강의 진행, 사후 정리, 그리고 다음 강의를 위한 학습으로 이어집니다. 이 과정이 뒤섞이면 항상 바쁘지만 정작 중요한 일이 남게 됩니다. 각 단계를 분리해 시간을 배분하면 해야 할 일이 명확해지고, 강의의 질도 안정됩니다. 우선순위는 시간을 아끼는 기술이 아니라, 에너지를 올바르게 쓰는 기준입니다.

- **집중 시간 확보: 방해받지 않는 '몰입 시간'을 하루 중 반드시 확보하기**

강의 기획과 콘텐츠 정리는 높은 집중도를 요구하는 작업입니다. 짧게 나뉜 시간으로는 깊이 있는 준비가 어렵습니다. 하루 중 일정 시간을 정해 알림과 외부 자극을 차단하고 몰입하는 습관을 들이면, 강의 준비의 밀도는 눈에 띄게 달라집니다. 강사의 실력은 결국 이 조용한 시간에서 만들어집니다.

초보 강사를 위한 팁

강사에게 시간은 곧 자원입니다. 하루 계획표를 30분 단위로 작성해 보는 것만으로도, 하루의 효율은 눈에 띄게 올라갑니다.

건강관리

강의는 머리와 입으로만 하는 일이 아닙니다. 오랜 시간 서 있고, 몸짓과 표정으로 에너지를 전달하며, 목소리로 분위기를 이끌어야 합니다. 2시간, 4시간, 6시간 강의하고 나면 어느새 훌쩍 늙어 있는 나를 발견하기도 하잖아요. 출근할 때 뽀송하던 그녀는 어디로 간 걸까요? 이대로 퇴근하면 다음 강의 준비할 힘이 없고, 악순환이 예상됩니다.

건강은 강의의 질을 지탱하는 가장 기본이 됩니다. 올해 저의 가장 관심사는 '수면 관리'입니다. 하루 7시간을 확보하기 위한 노력을 열심히 하는데요. 이를 위한 시간 관리도 필수입니다.

- **체력 관리: 꾸준한 운동과 규칙적인 생활 습관으로 체력을 유지하기**

강의는 단시간에 끝나는 일이 아닙니다. 하루 한 차시가 아니라 여러 차시가 이어지고, 이동과 준비까지 포함하면 체력 소모는 생각보다 큽니다. 기본 체력이 뒷받침되지 않으면 강의 후반으로 갈수록 집중력과 전달력이 함께 떨어집니다. 강사에게 체력 관리는 선택이 아니라, 강의를 지속하기 위한 기본 조건입니다.

- **목소리 관리: 발성과 호흡, 충분한 수분 섭취하기**

강사의 목소리는 하루 종일 사용하는 업무 도구입니다. 발성과 호흡이 불안정하면 목에 무리가 쌓이고, 강의가 반복될수록 목소리는 쉽게 거칠어집니다. 평소 발성과 호흡을 관리하고 수분 섭취를 습관화하는 것만으로도 강의의 안정감과 전달력은 크게 달라집니다.

- **생활 습관: 과로, 야근, 불규칙 생활은 강사에게 치명적이므로 반드시 개선하기**

강사의 목소리는 하루 종일 사용하는 업무 도구입니다. 발성과 호흡이 불안정하면 목에 무리가 쌓이고, 강의가 반복될수록 목소리는 쉽게 거칠어집니다. 평소 발성과 호흡을 관리하고 수분 섭취를 습관화하는 것만으로도 강의의 안정감과 전달력은 크게 달라집니다.

초보 강사를 위한 팁

강사의 몸은 강의의 무대이자 도구입니다. 몸이 흔들리면 무대도 흔들립니다. 건강관리는 곧 강의 준비의 일부입니다.

지식 관리

강사의 경쟁력은 타고난 말솜씨나 경력의 길이에서 결정되지 않습니다. 그것은 **전문성을 얼마나 꾸준히 관리하고 갱신하느냐**에서 비롯됩니다. 수업 자료나 커리큘럼을 한 번 만들어 놓고 오랫동안 그대로 사용하면 좋겠지만, 그때부터 강의는 진부해집니다. 내용이 틀리지 않더라도, 시대와 청중의 감각에서 멀어지면 지루하고 뻔한 강의가 됩니다.

좋은 강사는 강의를 '완성된 결과물'로 보지 않습니다. **계속 업데이트해야 할 진행형 작업**으로 생각합니다. 새로운 사례를 찾아보고, 관련 연구를 비교합니다. 자신의 설명 방식이 여전히 효과적인지 점검하는 데 시간을 투자합니다. 이 과정은 당장 눈에 보이는 성과를 만들지는 않지만, 강의의 깊이와 밀도를 차곡차곡 쌓아 올립니다.

지식 관리는 단순히 공부를 많이 한다는 의미가 아닙니다. 중요한 것은 정보를 어떻게 선별하고, 강의에 어떻게 연결하느냐입니다. 강사에게 필요한 지식은 모든 것을 아는 폭이 아니라, **자신의 주제와 직접 연결되는 지식을 구조적으로 관리하는 힘**입니다. 이 관리가 이루어질 때 강의는 일관성을 갖고, 청중은 강사의 전문성을 자연스럽게 신뢰하게 됩니다.

지식 관리를 효과적으로 하기 위해서는 몇 가지 기준이 필요합니다.

- **전문성 강화: 전공 서적, 논문, 현장 사례를 통해 지식을 다지기**

전공 서적, 논문, 현장 사례를 통해 자신의 지식 기반을 꾸준히 다져야 합니다. 여기서 중요한 것은 많이 읽는 것이 아니라, 강의 주제와 직접적으로 연결되는 자료를 선별하는 일입니다. 읽은 내용을 그대로 전달하기보다, 자신의 언어로 재정리하여 강의 구조 안에 배치할 수 있어야 전문성이 살아납니다.

- **트렌드 반영: 사회 변화와 교육 흐름을 민감하게 파악하여 강의에 반영하기**

사회 변화와 교육 흐름은 생각보다 빠르게 바뀝니다. 청중의 관심사, 사용하는 언어, 문제의식 역시 함께 이동합니다. 강사는 이러한 변화를 민감하게 감지하고, 기존 강의 내용에 어떻게 반영할지 고민해야 합니다. 트렌드를 그대로 따라가는 것이 아니라, **자신의 주제와 접점을 찾아 재해석하는 과정**이 필요합니다.

- **피드백 활용: 수강생들의 반응과 질문을 기록하고, 이를 다음 강의에 적용하기**

강의가 끝난 뒤 수강생의 질문, 표정, 반응은 모두 중요한 자료가 됩니다. 평가 결과를 확인하는 것은 부끄럽고 속상할 수 있습니다. 하지만 어떤 부분에서 인정받았는지, 어떤 지점에서 개선이 필요한지 확인하고 기록해야 합니다. 강의의 강점과 보완점을 명확히 파악하고 다음 강의에 반영할 때, 강의는 자연스럽게 진화합니다.

준비된 지식은 강사의 말에 여유를 만들고, 그 여유는 그대로 신뢰감으로 전달됩니다. 지식 관리는 강의를 풍성하게 만드는 기술이 아니라, **강사의 태도와 안정감을 지탱하는 기반**이 됩니다.

초보 강사를 위한 팁

강의는 '발표할 때'가 아니라 '준비할 때' 성장합니다. 공부를 멈추는 순간, 강의도 멈춘다는 사실을 기억하세요.

마음(멘탈) 관리

많은 강사들이 놓치기 쉬운 부분이 바로 멘탈 관리입니다. 강의는 단순히 정보를 전달하는 자리가 아니라, 사람과 사람이 만나는 장입니다. 강사의 마음 상태는 그대로 수강생에게 전달됩니다.

몇 년 전 엄마가 돌아가셨을 때, 이미 예정되었던 일정을 변경하지 않고 출강했습니다. 슬픈 마음과 별개로 할 일은 해야 한다는 책임감 때문이기도 했고, 일하는 동안 집중하고 싶었기 때문인데요. 그렇게 강행한 강의 결과는 어땠을까요? 강의도 제 마음도 엉망이 되어 버렸습니다. 마음이 불안정할 때 강의가 제대로 될 리 없습니다. 몰입은 청중이나 교육생만 해야 하는 건 아니죠. 강의에서 누구보다 강사의 몰입이 중요합니다. 머릿속에 다른 생각이 가능하니 잘 될 리 없습니다.

만일 같은 경험을 다시 하게 된다면, 대체 강사를 구하고 마음을 먼저 돌볼 겁니다. 강의는 지식과 함께 에너지를 전달하는 활동이기 때문에, 강사의 마음 상태가 그대로 분위기와 전달력에 반영되기 때문입니다.

스트레스가 많거나 걱정이 가득한 상태에서는 목소리 톤이 낮아지거나 말이 끊기고, 표정과 제스처에도 힘이 빠지기 쉽습니다. 반대로 마음을 안정시키고 긍정적인 에너지를 갖춘 상태라면, 강의는 더 생동감 있고 청중과 자연스럽게 소통할 수 있습니다.

그래서 강사는 자신의 감정과 컨디션을 관리하는 것이 단순한 자기 보호가 아니라, 강의의 질을 높이는 필수 전략이라는 점을 기억해야 합니다.

- **감정 조절: '기분이 태도가 되지 않게' 훈련하기**

강의 현장에서 강사의 감정은 그대로 분위기로 전달됩니다. 사소한 짜증이나 피로가 표정과 말투에 묻어나면, 강의의 집중도는 즉시 떨어집니다. 감정 조절은 감정을 없애는 일이 아니라, 강의 중에는 감정이 태도가 되지 않도록 관리하는 능력입니다. 이는 경험이 쌓일수록 더 중요해지는 강사의 기본 역량입니다.

- **스트레스 해소: 명상, 산책, 취미 활동 등을 통해 정서적 균형 회복하기**

강의 준비와 이동, 반복되는 현장 경험은 강사에게 지속적인 스트레스를 줍니다. 명상이나 산책, 취미 활동과 같은 일상의 휴식은 단순한 쉼이 아니라 강의를 지속하기 위한 회복 과정입니다. 휴식은 게으름이 아니라, 다음 강의를 위한 **필수적인 투자**임을 기억해야 합니다.

- **자존감 유지: 작은 성취를 기록하고 자신을 스스로 격려하기**

강사는 평가와 비교에 자주 노출되는 직업입니다. 모든 강의가 항상 만족스러울 수는 없으며, 실패와 좌절은 성장 과정의 일부입니다. 중요한 것은 그 과정에서 자신을 과도하게 깎아내리지 않는 것입니다. 작은 성취를 기록하고 스스로를 인정하는 태도는 강사를 오래 지속하게 만드는 심리적 기반이 됩니다.

초보 강사를 위한 팁

강사의 멘탈은 강의실 공기의 50%를 좌우합니다. 내가 안정되어야 수강생도 안정됩니다.

자기 관리를 잘하고 있나요? 다음 질문에 답해보세요.

나는 하루 루틴을 지키고 있는가? 그렇게 생각하는 이유는 무엇인가?

몸과 목소리를 관리하는 습관이 있는가? 그렇게 생각하는 이유는 무엇인가?

한 달에 한 권 이상 공부하고 있는가? 그렇게 생각하는 이유는 무엇인가?

강의 중 감정 흔들림을 조절할 수 있는가? 그렇게 생각하는 이유는 무엇인가?

프리랜서 강사는 단순히 지식을 전달하는 사람이 아닙니다. 그 자체로 하나의 브랜드이자, 현장에서 살아 움직이는 모델입니다. 시간과 건강, 지식과 마음까지 네 가지가 균형 있게 관리될 때 강사의 태도에는 자연스러운 자신감이 생깁니다. 그리고 그 자신감은 곧 수강생의 신뢰로 이어집니다.

공부 시작 전에 기준부터 세워라

02

강사가 되기로 마음먹는 순간, 대부분은 강사들은 조급함과 불안을 경험합니다. 강의력이 부족한 것 같아 자신이 없고, 나를 도와줄 누군가를 찾게 됩니다. 자연스럽게 강사 에이전시의 강사 양성 과정이나 민간자격 과정을 먼저 떠올립니다. 하지만 무엇을 공부할지 선택하기 전에 반드시 신중하게 살펴볼 것들이 있습니다. 잘못된 선택은 귀중한 시간과 비용을 낭비하게 할 뿐만 아니라, 실제 강의 역량을 충분히 키우는 데도 도움이 되지 않을 수 있기 때문입니다.

초보 강사분들이 강사 양성 과정이나 자격증 과정에 참여할 때 꼭 확인해야 할 점들을 함께 살펴보겠습니다.

강사 양성 과정이 꼭 필요한 것은 아니다

강사 양성 과정이나 민간 자격증은 겉보기에는 매우 매력적으로 보일 수 있습니다. 그러나 모든 과정이 초보 강사의 강의 역량 향상에 실제로 도움이 되는 것은 아닙니다. 'ㅇㅇ 강사 양성 과정'이라는 이름으로 운영되는 과정 중에는, 이미 활동 중인 강사를 대상으로 콘텐츠 역량을 보완하거나 특정 주제를 다루는 단기 과정이 섞여 있는 경우도 적지 않습니다.

이러한 과정은 대개 6시간 내외의 하루 일정으로 진행되며, 교육 내용 역시 하나의 주제나 기법에 한정된 경우가 많습니다. 강의 경험이 충분하지 않은 상태에서 이런 과정에 참여하면, 무엇을 배우고 어떻게 활용해야 하는지 감을 잡기 어려운 채 단순히 시간을 채우는 데 그칠 수도 있습니다.

따라서 초보 강사라면 과정의 이름이나 '강사 타이틀', 자격증 유무만을 기준으로 선택해서는 안 됩니다. 이 과정이 나에게 지금 필요한 강의 기술을 다루는지, 실제 강의 경험과 성장을 도울 수 있는 구조인지 먼저 살펴보고 판단하는 것이 중요합니다.

모든 강사 양성 과정이 초보자에게 적합한 것은 아니며, 과정의 성격과 시간, 실습 여부를 반드시 확인해야 합니다.

실제 강의에 필요한 기술이 포함되어 있는지 확인하라

소위 말하는 강사 양성 과정의 목적은 명확합니다. 하나의 주제를 강의할 수 있는 콘텐츠와 그 내용을 전달하는 기본적인 강의 방법을 제공하는 것입니다. 밥을 짓는 방법을 배우고 냄비와 쌀, 물을 건네받는 과정이라고 할 수 있습니다. 즉, 자격 과정은 결과를 보장하는 자리가 아니라, **강의를 시작할 수 있는 최소한의 재료와 도구를 제공하는 단계**에 가깝습니다.

특히 에이전시형 강사 양성 과정의 경우에는 목적이 두 가지로 나뉩니다. 하나는 강의 방법을 체계적으로 안내하는 것이고, 다른 하나는 그 과정을 통해 함께 일할 수 있는 강사를 선별하는 것입니다. 따라서 교육 내용에는 실제 현장에서 바로 활용할 수 있는 틀이 포함되지만, 동시에 모든 참여자가 같은 수준의 결과를 내도록 설계되지는 않습니다.

강사 양성 과정의 결과가 사람마다 크게 달라지는 이유도 여기에 있습니다. 한 번의 설명을 듣고 밥을 잘 짓는 사람도 있지만 여러 번 태워본 뒤에야 비로소 맛있는 밥을 짓는 사람도 있으니까요. 같은 재료와 방법을 받아도, 그것을 다루는 숙련도와 경험에 따라 결과는 전혀 달라집니다.

보통 이미 강의 경험이 있는 경력 강사가 이러한 정에 참여할 경우, 교육을 마친 직후 바로 강의로 이어지거나 자신의 기존 강의에 맞게 내용을 재구성해 활용할 수 있습니다. 이들에게 새로운 틀을 제공하거나 관점을 확장하는 역할을 합니다.

반면 아직 초보 단계의 강사라고 느낀다면, 강사 양성 과정 한 번에 너무 큰 기대를 걸 필요는 없습니다. 한 번의 교육만으로 강의가 완성되기를 바라는 것은 욕심입니다. 하나의 과정은 그 주제를 강의하는 방법을 보여줄 뿐입니다. 실제 실력은 그 이후의 연습과 시행착오, 반복을 통해 만들어집니다.

강사 양성 과정은 강사를 만들어 주지 않습니다. **강사가 될 수 있는 환경과 방향을 제시할 뿐입니다.** 그 이후에 얼마나 반복하고, 어떻게 자신의 것으로 소화하느냐는 오로지 강사 자신에게 달려있습니다.

강사 양성 과정은 강의력을 올리는 최고의 경험이다

하나의 클래스를 일정 시간 동안 운영하며, 강의 목적에 맞는 교육을 효과적으로 전달하는 힘을 '강의력'이라고 정의할 수 있습니다. 그렇다면 지금 나의 강의력은 어느 정도 수준일까요. 스스로를 100점 만점으로 평가했을 때, 80점에 미치지 않는다고 느껴진다면 시연과 코칭이 포함된 강사 양성 과정을 선택하는 것이 도움이 됩니다.

강사 양성 과정은 단순히 자격을 취득하는 과정이 아닙니다. 실제 강의 환경을 가정한 연습과 피드백을 통해, **자신의 말하기 방식과 전달 구조를 점검하고 보완할 수 있는 기회**입니다. 특히 초보 강사에게는 '강의해 보는 경험' 자체가 무엇보다 중요한 자산이 되기 때문에, 과정의 구성과 밀도를 꼼꼼히 살펴볼 필요가 있습니다.

• 강사 양성 과정의 총교육 시간은 몇 시간인지

먼저 **교육 시간**을 확인해야 합니다. 최소 12시간 이상의 과정이 권장됩니다. 강의력은 이론만으로는 형성되지 않으며, 실습과 시연, 코칭이 충분히 반복되어야 실제 강의에 대한 자신감으로 이어집니다. 시간이 짧은 과정은 개념 이해에는 도움이 될 수 있지만, 강의 기술을 몸에 익히기에는 한계가 있습니다.

• 강사 양성 과정 이후 강의 기회를 제공하는지

다음으로 **과정 이후 실제 강의 기회가 이어지는지**를 살펴보아야 합니다. 강사 양성 과정을 수료했다고 해서 곧바로 강의 현장에 설 수 있는 것은 아닙니다. 따라서 과정 주최자나 교육원이 수료생에게 어떤 방식으로 강의 기회를 연결해 주는지 확인하는 것이 중요합니다.

특히 교육원을 운영하는 강사나 소속 강사들이 현재도 현장에서 꾸준히 강의하고 있는지 살펴볼 필요가 있습니다. 실제 강의 현장과 단절된 상태에서 운영되는 과정이라면, 수료 이후 활용 가능한 기회 역시 제한적일 수밖에 없습니다. 반대로 교육원이 기관, 학교, 기업과의 네트워크를 통해 강의를 운영하고 있고, 그 과정에 수료생이 참여할 수 있는 구조라면 배운 내용을 현장에서 검증해 볼 수 있는 가능성이 열립니다.

강사 양성 과정의 가치는 수료증에서 끝나지 않습니다. 교육 이후 실제 강의로 이어질 수 있는 통로가 마련되어 있는지, 그리고 그 통로가 형식적인 약속이 아니라 현실적으로 작동하는 구조인지를 확인하는 것이 초보 강사에게는 무엇보다 중요합니다.

• 강사 양성 과정 안에 시연과 피드백이 포함되는지

마지막으로 **시연과 피드백의 구조**를 반드시 확인해야 합니다. 수강생이 직접 강의를 해보고, 그에 대한 구체적인 코칭을 받을 수 있는 과정이 효과적입니다. 아무리 이론적으로 훌륭한 내용이라도, 직접 말해보고 수정받는 경험이 없으면 강의 기술로 완전히 내재화되기 어렵습니다. 강의력은 듣는 능력이 아니라, 말해보고 고쳐보는 과정에서 만들어집니다.

강사 양성 과정은 강의력을 그대로 복제하는 마법이 아닙니다. 하지만 강의를 스스로 할 수 있는 방법을 익히고 힘을 기르는 데에는 가장 밀도

높은 경험이 됩니다. 자신의 현재 위치를 정확히 인식하고, 부족한 부분을 점검하려는 강사에게 강사 양성 과정은 강의력을 끌어올리는 가장 현실적인 선택지가 될 수 있습니다.

초보 강사를 위한 팁

초보 강사는 이론뿐 아니라 실습, 시연, 피드백이 충분히 포함된 교육을 선택해야 합니다.

참관과 보조강사 참여가 기회를 만든다

양성 과정 수료 이후에는 가능하다면 참관이나 보조강사 경험을 적극적으로 활용하는 것이 좋습니다. 수업 현장을 직접 경험하며 강의 진행 방식, 교육생 반응, 장비 활용 등을 관찰할 수 있기 때문입니다.

강의 경험이 적은 초보 강사는, 참관이나 보조강사 활동을 통해 교육 자료 활용, 시간 배분, 질문 대응 방법 등 실무적 기술을 빠르게 습득할 수 있습니다. 이 과정에서 경험을 많이 쌓을수록 실제 강의 시 떨림과 긴장감을 극복하는 데 큰 도움이 됩니다.

강의 현장 사진 촬영이나 전반적인 준비 과정을 담당하게 된다면 더욱 좋은 기회입니다. 실제 현장에선 좋은 강의와 함께 좋은 사진을 남기는 것도 강사의 역량으로 평가되는 경우도 많기 때문입니다. 강의 현장의 생생한 사진은 보고서를 완성하기 위해서나 강사 브랜딩을 위한 SNS 운영을 위해서도 좋은 자료가 되는데요. 사진도 많이 찍어볼수록 잘 찍을 수 있습니다. 강의 현장의 스태프 모집을 보게 된다면 재빨리 지원해 보세요.

 **초보 강사를 위한 팁**

참관과 보조강사 경험을 통해 실무 기술과 현장감을 쌓을 수 있습니다.

강사 파견과 강의 지원 시스템을 반드시 확인하자

강사 양성 과정을 살펴보다 보면, 과정 수료 후 강사 파견에 우선순위를 부여한다고 안내하는 경우를 종종 볼 수 있습니다. 언뜻 보면 교육을 마치면 바로 강의 기회가 주어질 것처럼 느껴지지만, 이 문장에는 비밀이 있습니다. 바로 '역량이 갖춰졌다면'이라는 조건을 숨긴 것입니다.

막 강의를 시작한 초보 강사에게 이 기준은 생각보다 높습니다. 일정 수준 이상의 강의 완성도, 현장 대응력, 전달력까지 요구되는 경우가 많아 단순히 과정 수료만으로 그 순위에 포함되기는 쉽지 않습니다. 특히 시연 경험이 제한적이거나, 개별 피드백 없이 이론 중심으로 진행된다면 더욱 그렇습니다.

강사 파견이 실제로 이루어지는 구조인지 판단하려면, 교육 이후의 지원 체계를 함께 확인해야 합니다. 과정 수료 후에도 개별 코칭이 이어지는지, 몇 회 이상의 시연과 피드백이 포함되어 있는지, 그리고 초보 강사가 현장에 나가기 전까지 어떤 보완 과정을 거치는지 살펴볼 필요가 있습니다. 이러한 단계가 마련되어 있지 않다면, 초보 강사가 교육만으로 충분한 역량을 갖추기는 어렵습니다.

강사 양성 과정의 가치는 수료증 그 자체에 있지 않습니다. 교육 이후에도 강사가 현장으로 나아갈 수 있도록 돕는 구조가 마련되어 있을 때, 그 과정은 비로소 실질적인 출발점이 됩니다. 이 점을 분명히 인식하는 것이 초보 강사에게는 무엇보다 중요한 기준이 됩니다.

- **강의 자료 지원:** 과정에서 배운 내용을 현장에 바로 적용할 수 있는 자료 제공 여부
- **피드백 시스템:** 강의 후 코칭이나 피드백 제공 여부
- **네트워킹 기회:** 다른 강사와 교류하고 경험을 공유할 수 있는 기회 제공 여부
- **강사 파견:** 교육원이 실제 강의 기회를 제공하는지 확인

이러한 시스템이 잘 갖춰진 기관은 자격증만 발급하는 곳과 분명한 차이를 보입니다. 초보 강사가 첫 강의를 준비하는 과정에서 혼자 고민하지 않도록 돕고, 현장에 안착할 수 있도록 단계별 기반을 마련해 주기 때문입니다. 결국 좋은 강사 양성 과정이란, 강의를 가르치는 곳이 아니라 **강사가 성장할 수 있는 환경을 제공하는 곳**이라고 할 수 있습니다.

초보 강사를 위한 팁

교육원이 강사 데뷔를 위한 교육 및 코칭 지원 시스템을 갖추고 있는지, 강의 기회를 몇 회 제공하는지 등 세부 사항을 잘 점검하세요.

자격증보다 실전 경험이 우선이다

마지막으로 강조하고 싶은 점은 자격증보다 **실제 강의 경험이 더 중요하다**는 사실입니다. 많은 초보 강사들이 자격증을 많이 갖추는 것이 곧 강사로서의 경쟁력이라고 생각하지만, 실제 교육 현장에서는 그 기준이 다르게 작동합니다. 다수의 교육기관과 운영자들은 강사를 선택할 때 자격증의 개수보다, **얼마나 강의를 해보았는지**, 그리고 **어떤 방식으로 강의를 운영해 왔는지**를 더 중요하게 평가합니다.

자격증은 경우에 따라 필요조건이 되기도 하지만, 필수 조건이 아닌 경우도 많습니다. 특히 현장에서는 자격증보다 시연 경험, 강의 참여 횟수, 피드백을 받아본 경험이 강사의 실력을 가늠하는 기준이 됩니다. 말해본 사람과 그렇지 않은 사람의 차이는 이론의 양이 아니라, 실제 상황에 대한 대응력에서 분명하게 드러납니다.

따라서 초보 강사라면 자격증 취득에만 집중하기보다, 가능한 한 많은 **실전 강의 경험**을 쌓는 데 우선순위를 두는 것이 효과적입니다. 소규모 강의라도 직접 운영해 보고, 시연을 통해 자신의 말하기와 전달 방식을 점검하며, 피드백을 받아 수정하는 과정이 반복될수록 강의력은 빠르게 성장합니다.

또한 조급하게 여러 과정을 한꺼번에 수료하려 하기보다는, 한 과정씩 신중하게 선택하는 태도가 필요합니다. 그 과정이 실제 현장 경험과 어떻게 연결되는지, 수료 이후 어떤 기회로 이어질 수 있는지를 기준으로 판단하는 것이 바람직합니다. 이러한 방식으로 단계를 밟아 나가면, 단기적인 타이틀을 쌓는 것보다 장기적인 강사 성장에 훨씬 도움이 됩니다.

강사의 실력은 자격증 목록이 아니라, **강의 시간과 그 안에서 축적된 경험**으로 증명됩니다. 이 사실을 기억하고 준비의 방향은 자연스럽게 자격 취득에서 경험 축적으로 옮겨가야 합니다. 이것이 초보 강사가 안정적으로 현장에 자리 잡기 위해 반드시 기억해야 할 기준입니다.

초보 강사를 위한 팁

교육원 대부분에서 인증하는 자격은 민간자격입니다. 자격증의 유무보다 실제 강의에 즉시 도움이 될지를 중심으로 공부 계획을 세우세요.

무엇을 공부할지 선택하는 것은 결코 쉬운 일이 아닙니다. 하지만 조금만 주의하면 시간과 비용을 효율적으로 쓰면서도 강의 역량을 빠르게 올릴 수 있습니다. 다음 원칙을 잘 기억하세요.

- 과정의 시간과 성격을 확인한다.
- 실습, 시연, 피드백이 충분한지 점검한다.
- 참관 · 보조강사 경험을 적극적으로 활용한다.
- 교육원의 지원 시스템과 강의 기회를 확인한다.
- 자격증보다 실제 경험 중심으로 교육을 선택한다.

이 다섯 가지 원칙을 기억한다면, 초보 강사로서 첫 강의를 보다 안정적으로 시작할 수 있습니다. 더 나아가 단기적인 성과에 흔들리지 않고, 장기적으로 성장할 수 있는 기반도 함께 마련할 수 있습니다. 강사로서의 준비는 많이 배우는 데서 끝나지 않고, **올바른 선택을 반복하는 과정**속에서 완성됩니다. 공부 시작하기 전에 기준을 잘 세우세요.

넓게 경험하고
좁게 파고들어라

강사의 초기 시기는 마치 보부상과도 같습니다. 이것저것 다양한 물건을 짊어지고 다니며 장터를 돌듯, 강사도 여러 기관을 찾아다니며 다양한 주제의 강의를 맡습니다. 중요한 것은, 이 '강의 주제가 흩어지는 시기'가 결코 낭비가 아니라는 점입니다. 경험이 곧 경력이고, 시행착오가 곧 노하우가 되기 때문입니다.

강사라는 직업을 처음 시작하면 누구나 '내 전공' 혹은 '내가 자신 있는 주제 하나'를 들고 출발합니다. 하지만 현실은 단순하지 않습니다. 하나의 주제만으로는 강의 의뢰가 꾸준히 들어오기 어렵고, 수입도 불안정합니다. 그래서 초기에는 마치 보부상처럼 여러 분야를 경험하는 시기를 거칩니다. 기업 강의, 공공기관 특강, 학교 수업, 심지어는 전혀 예상치 못한 주제까지 맡아보는 경우도 많습니다. 이 시기는 '내가 어떤 주제와 가장 잘 맞는지'를 탐색하는 과정이기도 합니다.

물론 처음부터 한 분야의 전문가로 진입하는 예도 있습니다. 예를 들어 변호사가 자신이 경험한 사건을 토대로 법률 상식을 강의하는 경우가 그렇습니다. 하지만 직업 전환을 결심하고 전업 강사의 길을 걷는 사람들에게는 오히려 다양한 경험이 필수적입니다. 그동안의 경력을 참고하되, 어떤 주제가 나와 잘 맞는지는 직접 경험을 통해서만 알 수 있기 때문입니다.

강의 실력은 책상 앞 공부만으로 쌓이지 않습니다. 수강생을 만나고, 다양한 기관의 요구를 들어보고, 직접 현장에서 시행착오를 겪으며 몸으로 배우는 것입니다. **경험을 통해 탐색하는 시기**를 적극적으로 받아들이는 것이 필요합니다. 모든 삶의 모습이 그런 듯, 의외의 순간 새로운 재능을 발견하기도 합니다. 나의 일을 통해 나를 발견하는 재밌는 순간이 기대되지 않나요?

일정 시간 동안 다양한 주제를 공부하고 강의하다 보면, 여러 경험 속에서 자신에게 가장 맞고, 시장에서도 반응이 좋은 주제를 발견하게 됩니다. 바로 그 순간부터 강의 인생이 점점 뾰족해지고, 안정적인 강의 횟수와 수입이 형성됩니다. 강사로서의 생존 전략은 '처음부터 완벽하게 정해진 길'을 걷는 것이 아니라, 많은 경험을 통해 나만의 길을 발견하는 과정에 있습니다.

처음엔 다양하게 시도한다

처음부터 '나는 이 주제만 한다.'라는 생각에는 전제가 필요합니다. 강의 외에도 안정적인 수입이나 자산이 있어 생활비가 보장된다면 가능한 이야기이지만, 강의가 곧 생활비라면 상황은 달라집니다. 이 경우에는 안타깝지만, 주력이라 할 수 있는 주제뿐 아니라 서브 주제까지도 수락할 수밖에 없습니다.

강사 초기에는 분야를 가리지 않고 강의 요청을 수용하는 것이 현실적입니다

- 기업 → 직무교육, 조직문화의 이해, 직장 내 소통 등
- 학교 → 진로, 인성, 학습법 등
- 공공기관 → 인권, 안전, 법정 의무교육 등

먼저 다양한 주제를 공부하고, 기회가 온다면 도전해야 합니다. 일정한 수입을 확보할 수 있고, 동시에 강의력을 단련할 수 있는 기회도 얻게 됩니다. 특히 초반에는 강의료보다 경험이 더 큰 자산이 됩니다. 무료 강의나 소규모 강의라 하더라도 그것이 후속 기회로 연결되거나 자기소개서·경력증명서에 남는다면, 훗날 더 큰 기회를 여는 발판이 될 수 있습니다. 특정 주제를 고집하기보다는 경험을 쌓고, 그 경험을 통해 자신만의 전문성을 찾아가는 과정이 무엇보다 중요합니다.

경험은 나의 '강의 지도'를 만든다

다양한 경험을 하면 자연스럽게 내가 잘 맞는 영역과 내가 소화하기 어려운 영역이 드러납니다. 강의 후에 이를 기록해 두세요.

- 어떤 주제에서 수강생 반응이 좋았는가?
- 어떤 강의가 준비 과정이 즐거웠는가?
- 어떤 기관과 협업이 원활했는가?

이런 질문에 대한 답변이 쌓이면 강사로서의 나만의 좌표가 생깁니다. 어떤 강의는 하고 나면 에너지가 빠지지만, 어떤 강의는 끝난 후 오히려 더 힘이 나기도 합니다. 이 차이를 알아차리는 것이 곧 내 강점 찾기의 시작입니다.

뾰족해지는 순간을 기다려라

강사 경력은 '넓게 → 좁게'의 과정을 반드시 거칩니다. 초기에는 생존을 위해 넓게 시도하지만, 시간이 지나면 가장 자신 있고 시장성이 높은 주제로 뾰족해져야 합니다. 그래야 전문성을 인정받고, 강의료도 점점 올라가며 안정적인 의뢰가 이어집니다.

뾰족해지는 순간은 강의 횟수가 최소 100회를 넘기면서 찾아온다고 말합니다. 이때쯤이면 강사 자신도 어떤 주제에서 가장 안정적이고 설득력 있는지를 알게 되고, 기관에서도 이 강사는 ○○ 주제에 강하다는 인식이 생깁니다.

경험 쌓기

- 소규모라도 공모전이나 보조강사 모집에 지원해 보는 게 좋습니다. 강사 프로필에 공식 이력이 남는다는 점에서 큰 가치가 있습니다.
- 재능 기부식 무료 강의나 강의료가 적은 강의를 무조건 피할 필요는 없습니다. 연습무대이자 홍보 수단이 될 수 있습니다. 다만, 장기적으로는 적정 단가를 찾아가는 전략이 필요합니다.
- 기존 주제를 응용해 비슷한 분야로 확장하세요. (예: '소통 강의' → '갈등관리 강의') 작은 응용이 또 다른 기회를 만듭니다.
- 강의 후 '잘한 점·아쉬운 점'을 적어두면 뾰족해지는 데 큰 도움이 됩니다. 추천 포맷은 '잘한 점 두 개 + 개선할 점 한 개' 정도로 간단히 적어두는 것입니다.

 **초보 강사를 위한 팁**

강사의 생존 전략은 처음부터 정답을 찾는 것이 아니라, 넓게 경험하며 나만의 답을 발견하는 것입니다.

04 프로필과 제안서로 기회를 잡아라

강사로 활동하다 보면 누구나 한 번쯤 이런 질문을 받게 됩니다.

"강사님, 프로필 보내주실 수 있을까요?"

혹은, '혹시 제안서 있으신가요?'라는 질문도 마찬가지입니다. 이때 강사 프로필과 제안서가 준비되어 있지 않으면 급히 작성해야 하는데요. 이 두 가지 서류는 준비하는 데 생각보다 긴 시간이 필요합니다. 질문을 받고 그제야 만들기 시작하면 기회를 놓칠 수 있습니다. 서류 요청에 바로 프로필을 전달할 수 있는 강사와 비교될 수밖에 없죠. 그만큼 준비된 강사로 보이기 어렵습니다. 미리 여유를 가지고 작성해 놓지 않으면, 짧은 시간에 만족할 만한 제안서 작성하기는 쉽지 않습니다.

프로필과 강의 제안서. 두 문서는 서로 다른 역할을 하지만, 반드시 함께 준비해야 하는데요. 강사 프로필과 강의 계획서는 강의 의뢰 시 요청되는 필수 자료입니다. 이 두 가지 자료를 통해 강사로서의 전문성을 보여줄 수 있습니다.

강사 프로필(이력서): 강사의 첫인상

강사 프로필은 기관이나 기업과 강사의 첫 만남입니다. 강의장에 서기 전에, 강사의 실력과 신뢰를 보여주는 첫 번째 문서인데요. 문서에서 보여지는 완벽한 구성이나 깔끔한 정리에서 강사의 첫인상이 정해집니다.

강사 프로필은 크게 세 가지 형태로 준비하면 좋습니다.

1. 프로필 사진

- 단정하고 전문적인 이미지가 중요합니다.
- 정장 혹은 깔끔한 비즈니스 캐주얼 차림으로 따뜻한 미소를 담은 반신 사진을 추천합니다.
- 요즘은 비즈니스 프로필 전문 스튜디오도 많으니 활용해 보셔도 좋습니다.

2. 이력서형 프로필

- 학력, 경력, 자격증, 주요 강의 경험을 한글 혹은 파워포인트 한 장에 간결하게 정리합니다.
- 담당자가 빠르게 읽고 판단할 수 있도록 '객관적 정보 중심'으로 작성합니다.

강사 이력서

성 명		생년월일		사진
연락처		소 속		
주 소				
e-mail				
계좌번호				

강의분야	

학력사항	기간(년월일)	학교명	전공	학위

주요 강의경력	기간(년월일)	강의 의뢰기관	강의 내용	

기타경력	기간(년월일)	근무처	직위	업무 내용

자격사항	취득일자(년월일)	자격증명	급수	발급처

<PROFILE>	소속(직위)		
	주요경력		
	학력		
	자격/이수		
	강의 분야		
	주요 강의처	기관 / 기업	
		학교	

3. PDF 포트폴리오 형 프로필

- 3~5장 분량으로, 강사의 강의 철학, 주요 강의 장면 사진, 수강생 후기 등을 포함합니다.
- 디자인 툴(예: Canva, 미리캔버스)을 활용하면 깔끔하면서도 전문적인 문서를 만들 수 있습니다.
- 이력서보다 풍성하고, 강의 분위기와 강사나 교육회사의 대표 컬러까지 보여줄 수 있다는 장점이 있습니다.

PROFILE

안녕하세요.
이기양 강사입니다.

교육하는 마음

안녕하세요, 이기양 강사입니다.

꿈꾸는 모습으로 살아가는 힘을 기르는 교육
마음을 움직이는 교육, 그리고 꿈이 현실이 될 수 있도록 모든 과정에서 길잡이가 되는 교육을 꿈꾸는 이기양 강사입니다.

스스로 할 수 있다는 자신감을 갖고, 그 과정에서 성장할 수 있도록 돕는 것이 교육하는 이유라고 생각합니다. 단순히 지식을 전달하는 것을 넘어, 학생들이 자신을 발견하고 진로와 취업에 대한 고민을 해결하는 과정 속에서 '스스로 힘을 기를 수 있도록' 하는 것을 목표로 합니다. 학생들이 진로와 취업 목표를 세우고, 그 목표를 향해 한 걸음씩 나아갈 수 있도록 교육합니다.

저와 함께 하는 시간이 단순한 교육을 넘어, 자신이 어떤 사람인지에 대해 진지하게 생각하고, 행복한 삶을 향한 첫 걸음을 내딛는 바로 그 날이 되기를 바랍니다.

EDUCORE
CAREER LAB

교육분야

행복한 삶을 만들어가는 '진로'

꿈꾸는 모습으로 살아가기 위한 마음과 실행을 교육합니다.

진로	취업	이미지	스피치
자기이해 / 마인드셋	취업서류 / 면접전략	이미지브랜딩	발음, 발성 코칭
목표관리 / 시간관리	포트폴리오 코칭	퍼스널컬러	발표/프리젠테이션
리더십 / 팀빌딩		면접 이미지메이킹	대입,취업 면접코칭

EDUCORE CAREER LAB

KIYANG LEE

학력/경력

한양대학교 독어독문학과 졸업 (학사)
울산대학교 교육대학원 교육학과 졸업 (석사)

[교육]

에듀코어 진로연구소 대표
신한금융그룹 –마이온컴퍼니 취업전문강사
우리아이크리에이터양성센터 스피치전담강사
전 청소년상담사협동조합 교육이사

[방송]

ONN닥터TV 아나운서 / MC
'세상을바꾸는시간 15분' 강연 – 워킹맘을 위한 마인드셋

[집필]

돌아보니 행복 (공동집필)
마시멜로우 퍼실리테이션 (공동집필)
중학생 진로비전을 위한 집단상담 프로그램 (연구보고서)

자격/수료

진로비전강사 1급
NCS취업컨설턴트 1급 – 한국명생교육진흥협회
창직진로지도사 1급 – 메인콘텐츠
스테이션강점마스터 1급 – 메인콘텐츠
PBS 컬러강점 전문가 2급 – PBS컬러랩
국제 TOCfE 퍼실리테이터 – TOCfE 협회
퍼스널컬러 전문가 1급 – 한국색채산업전문가협회
CLP(생애설계사) – 한국 생애설계협회
MBTI 일반강사 – (주)한국MBTI연구소
인문학지도사 1급 – 한국강사공제회
장애인식개선교육사 1급 –(주)한국능력교육진흥원

[LEGO] 퍼실리테이션 강사양성과정 수료
이미지메이킹 강사양성과정 수료

U&I 학습 및 진로상담전문가 초급과정 수료
울산대학교 경영대학원 사회적경제리더교육과정 수료
자원봉사 전문강사양성과정 수료

주요 강의 이력 – 진로/취업/이미지/스피치 [학교]

- 취업자소서 교육 및 1:1 컨설팅 _ 제주대/경남과기대/동원과기대/대구수성대/울산과학대/원광대/문성대 등
- 신한 커리어온_강점으로 준비하는 면접특강 (고3) – 부산전자공고/대구보건고/대구수성대/서울문화고/부산대양고
- 신한 커리어온_시간을 두배로 만드는 경험전략 (고1,2) – 성동글로벌경영고/진영제일고/경기군포e비즈니스고/통진고 등
- 특성화고 포트폴리오 1:1 컨설팅(고3) – 통진고등학교/서울문화고등학교/대구보건고등학교/대구여상 등
- 특성화고 취업캠프 _ 울산에너지고/창원공업고/마산공업고/울산기계공업고/경주정보고/경주공고/경북공고 등
- 진로비전캠프 _ 무거고/문수고/천상고/울산공고/울산상고/남창고/구미장곡중/구미충/금오중/덕천중 등
- 청소년 4차산업과 창직 프로그램 _ 초/중/고등학교 70회 이상 출강 (울산/부산/경남/서울/경기)
- 퍼스널컬러 면접 이미지메이킹 _신라대/울주청년센터/김천청년센터/고용노동부취업캠프/배정미래고자격과정 등
- MBTI 직무탐색 _ 울산중앙고/마산공업고/문성개간호학과/문성대항공과/울산산업고/경북공고 등
- 진학캠프(학습방법/과제탐구등) _ 학성고/신신고/호계고/매곡고/이화중/호계중/문덕중/외솔중/이화중/학성여중/남외중 등
- 고교학점제 특강 – 가온중/호계중/이화중/가온중/효정중/남창중/장검중/외솔중/모전중/유곡중/연일중/스포츠고 등
- 퍼스널컬러 진로멘토링 – 울산상고/울산여자상업고/울산공고/울산산업고/울산과학고/배정미래고/부산송도초 등
- 청소년노동인권과 노동법 – 경의고/무룡고/무거고/울산공고/마이스터고/에너지고/울산산업고/울산여상 등

주요 강의 이력 – 진로/취업/이미지/스피치 [기업]

- 울산 지방경찰청 기동순찰대 발대식 연수 – "우리를 하나로 만드는 오늘!" 파워퍼 팀빌딩
- 울산자활센터 – 감성정리더십/ 취업마인드셋/ 직무분석/ 취업로드맵그리기/ 퍼스널이미지브랜딩 등
- 부산 인재개발원 5급행정 공무원 연수 – "퍼스널 이미지 경영과 퍼스널컬러 진단"
- 부산 인재개발원 신규자과정 _ 퍼스널 이미지 경영 "나를 반짝 빛내줄 퍼스널컬러"
- 울산 차오름센터 청소년 학부모 인문학 "내곁에 인문학"
- 울산 북부/중부/동부/울주 경찰서 교양연수 – "퍼스널컬러로 매력 더하기"
- 울산 민원옹대 공무원 CS교육 – 불만민원옹대 이론과 실습
- 울산 지방경찰청 교양연수/행정공무원 연수 – 행복한 직장생활을 위한 이미지메이킹
- 울산 명지초등학교 교사연수 _ 회복적생활교육 "학교폭력 그 이후의 회복과 화합에 관하여"
- 울산 중구자활센터 센터종사자 CS 친절교육 – '올바른 소통의 열쇠, 내 안에 있다'
- 울산 중구자활센터 사업참여자 소양교육 "강점으로 시작하는 셀프 리더십"
- 국립해양조사원 직원연수 "2022 위드코리아 마인드셋"
- 김해노인대학교 노인백서 "건강관리와 소통역량강화"
- 양산교육지원청 학부모연수 "퍼실리테이션에 날개를 달다"

강의현장

EDUCORE CAREER LAB

KIYANG LEE

자격증/수료증

Thank you!

🌐 https://blog.naver.com/dreamonuni
📞
✉️ bellaful@naver.com

강의 제안서: 강의의 신뢰를 보여주는 문서

프로필이 사람 자체의 신뢰를 보여준다면, 제안서는 강의 자체의 신뢰를 보여줍니다. 많은 강사들이 프로필은 열심히 준비하면서 제안서는 간과하는데요. 하지만 기관이 최종적으로 선택하는 기준은 강의가 우리 기관의 문제를 어떻게 해결할 수 있는가입니다. 강의 제안서는 단순히 커리큘럼 나열이 아니라, 강사의 전문성과 강의의 완성도를 동시에 보여주는 설계도와 같습니다. 아무리 강의력이 뛰어나더라도, 제안서가 허술하면 강의는 시작되기 전에 탈락하기 쉽습니다. 반대로 잘 정리된 제안서는 강사의 신뢰를 먼저 확보하고, 강의를 선택하게 만드는 결정적인 역할을 합니다.

가장 먼저 제안서의 **표지와 개요**는 강의의 첫인상을 결정합니다. 강의 제목, 강사명, 연락처, 제출일, 제안 기관명과 같은 기본 정보는 빠짐없이 정리되어야 합니다. 이 부분이 정돈되어 있지 않으면, 강의 내용 이전에 문서 전체의 신뢰도가 흔들릴 수 있습니다.

그다음으로 중요한 것은 **강의 목표**입니다. 강의 목표는 '무엇을 설명할 것인가'가 아니라, 강의가 끝난 뒤 **학습자가 무엇을 할 수 있게 되는가**를 중심으로 작성되어야 합니다. 또한 이 목표는 제안 기관이 처한 문제 상황이나 교육 목적과 연결되어야 합니다. 강의 목표가 분명할수록 담당자는 이 강의가 왜 필요한지 빠르게 판단할 수 있습니다.

교육 개요에서는 강의의 전체 틀을 제시합니다. 강의 시간, 대상, 진행 방식(대면 또는 온라인), 그리고 강의의 흐름이 여기에 포함됩니다. 이 부분은 강의가 즉흥이 아니라 구조적으로 설계되어 있다는 인상을 주는 영역입니다. 특히 시간 배분과 진행 방식이 명확할수록 강의 운영에 대한 신뢰도는 높아집니다.

이후 **교육 내용**에서는 강의의 핵심이 드러납니다. 시간별 또는 모듈별로 구성된 세부 커리큘럼을 제시하고, 각 단계에서 어떤 방식으로 강의가 진행되는지를 설명해야 합니다. 이론, 사례, 실습, 토론 등 강의 방식과 활용 자료를 함께 제시하면, 강의가 실제 현장에서 어떻게 구현되는지 구체적으로 그려집니다.

강사 소개는 단순한 이력 나열이 아니라, 제안한 강의와 강사의 경험이 어떻게 연결되는지를 보여주는 부분입니다. 경력, 자격증, 주요 강의 경험 중에서도 해당 강의와 직접적으로 관련된 요소를 중심으로 정리하는 것이 효과적입니다. 이 강의를 왜 이 강사가 해야 하는지가 자연스럽게 드러나야 합니다.

강의 제안서에서 많은 담당자들이 특히 주의 깊게 보는 부분이 바로 **기대 효과와 차별점**입니다. 강의 이후 수강생에게 어떤 변화가 기대되는지, 그리고 기존 강의들과 어떤 점에서 다른지를 분명히 제시해야 합니다. 이는 강의의 가치를 설명하는 동시에, 선택해야 할 이유를 제공하는 영역입니다.

마지막으로 **강의 일정 및 비용**은 현실적인 제안으로 정리되어야 합니다. 가능한 일정 범위와 강사료, 운영 비용을 명확하게 제시하면, 담당자는 내부 검토와 의사 결정을 훨씬 수월하게 진행할 수 있습니다.

잘 정리된 강의 제안서는 강의를 대신 설명해 주는 문서입니다. 강사의 말투와 태도, 강의의 구조와 철학까지 고스란히 담아낼 수 있을 때, 제안서는 단순한 서류를 넘어 강의를 선택하게 만드는 가장 강력한 도구가 됩니다.

강의 제안서 핵심 정리

표지 및 개요

강의 제목, 강사명, 연락처, 제출일, 제안 기관명 등 기본 정보를 명확히 제시합니다.

강의 목표

강의가 끝난 뒤 학습자가 **무엇을 할 수 있게 되는지**를 성과 중심으로 제시하고, 기관의 교육 목적과 연결합니다.

교육 개요

강의 시간, 대상, 진행 방식, 전체 흐름을 정리해 강의 구조를 한눈에 보여 줍니다.

교육 내용

시간별·모듈별 커리큘럼과 강의 방식(이론, 사례, 실습 등)을 제시해 강의의 실제 모습을 구체화합니다.

강사 소개

경력과 경험을 강의 주제와 연결해, 왜 이 강의를 이 강사가 해야 하는지를 설명합니다.

기대 효과와 차별점

수강 후 기대되는 변화와 기존 강의와의 차이를 분명히 제시합니다.

강의 일정 및 비용

가능한 일정과 강사료, 운영 비용을 현실적으로 제안합니다.

성공적인 제안서를 위한 다섯 가지

실제 강의 제안서를 작성할 때는 몇 가지 팁을 꼭 기억해 두시면 좋습니다.

가독성: 단락과 글자 크기를 적절히 조절해 읽기 쉽게 만드세요.

기관의 니즈 반영: 대상 기관의 요구사항을 꼭 반영해 맞춤형 제안서를 작성하세요.

구체적인 커리큘럼: 단순 개요가 아닌 실제 흐름과 실습을 상세히 기재하세요.

차별성 강조: 나만의 강점과 강의의 특장점을 확실히 드러내세요.

전문적인 디자인: 첫인상은 중요합니다. 깔끔한 레이아웃이 신뢰를 높여줍니다.

프로필과 제안서는 왜 함께 준비해야 할까요?

강사 활동에서 절대 따로 생각할 수 없는 두 가지 문서가 있습니다. 바로 프로필과 제안서입니다.

프로필만 제출하면 '강사는 괜찮아 보이는데, 강의가 어떤 내용일지 모르겠다.'라는 생각에 선택을 보류하게 됩니다. 반대로 제안서만 제출하면, '강의는 좋아 보이는데, 강사가 어떤 강의를 해왔는지 궁금하다.'라고 생각합니다. 어느 쪽이든 담당자로서는 무언가 빠져 있다는 느낌을 지울 수 없습니다.

프로필은 강사라는 사람을 알리는 명함이고, 제안서는 강의의 가치를 설득하는 설명서입니다. 둘은 언제나 함께 움직일 때만, 비로소 강사의 전문성과 강의의 설득력을 함께 보여줄 수 있습니다. 사람이 보여야 신뢰가 생기고, 강의가 보여야 선택이 이루어지니까요. 강사라면 언제 어떤 기관에서 요청이 들어와도 두 가지를 함께, 빠르게 제출할 수 있도록 미리 준비해 두셔야 합니다.

강의 기회는 예고 없이 찾아오는 경우가 많습니다. 준비된 강사만이 그 기회를 잡을 수 있습니다. 오늘 바로 프로필과 제안서를 정리해 두시길 권해드립니다. 강사에게는 가장 확실한 무기입니다.

강의료 협상과 계약을 현실적으로 준비하자

강사는 처음부터 완성된 모습으로 출발하지 않습니다. 익숙한 주제에만 머무르지 않고 새로운 영역에 도전하고, 매 강의 뒤에는 반드시 돌아보며 공부를 이어가는 사람만이 다음 단계로 나아갈 수 있습니다.

이 과정은 단순히 실력을 쌓기 위한 준비 단계가 아닙니다. 강사의 가치를 스스로 증명해 가는 시간이며, 어떤 강사로 오래 남을 것인가를 결정하는 축적의 과정입니다. 그리고 어느 순간이 오면, '강의를 잘할 수 있을까'에서 '이 강의를 어떤 조건에서, 어떤 기준으로 가치를 만들 것인가'를 고민해야 합니다.

강의가 지속되기 위해서는 열정만으로는 부족합니다. 현실적인 강의료 기준, 계약 구조에 대한 이해, 그리고 경험과 전문성을 어떻게 **가격과 조건으로 설명할 것인가**에 대한 준비가 필요합니다. 강사료에 대한 객관적인 이해와 조율은 강사로서의 생계와 직결된 매우 중요한 영역입니다.

피하거나 눈치 볼 문제가 아님에도, 우리 사회에서는 여전히 돈에 관한 이야기를 불편하게 여기는 문화가 존재합니다. 이 문제에 어떻게 접근하면 좋을까요.

먼저, 시장 평균을 알아야 합니다.

강의료를 이야기할 때는 한쪽의 기준만으로 접근해서는 안 됩니다. 강사는 자신의 시간과 경험을 기준으로 판단하지만, 의뢰처 역시 내부 예산과 기준, 교육 목적 안에서 강의료를 책정합니다. 그래서 강의료 협상은 요구나 양보의 문제가 아니라 서로의 기준을 맞춰 가는 과정에 가깝습니다. 먼저, 시장 평균을 아는 것은 강사와 의뢰처 모두에게 필요한 기준입니다. 기업, 공공기관, 평생교육원, 대학 등 의뢰처마다 예산 범위와 단가 기준은 다르며, 강사는 시장의 범위를 알아야 무리한 요구를 피할 수 있고 의뢰처 역시 합리적인 기준에서 강사를 선택할 수 있습니다.

강의의 성격과 준비 난이도를 고려해야 합니다.

강의의 성격과 준비 난이도는 반드시 고려되어야 합니다. 같은 2시간 강의라도 기존 자료로 진행하는 경우와 신규 콘텐츠를 기획·개발해야 하는 경우는 투입되는 시간과 에너지에서 큰 차이가 나며, 이 차이를 설명하는 것은 강사의 역할이고 이를 이해하고 반영하는 것은 의뢰처의 합리적인 판단 영역입니다.

자신의 경험과 전문성을 객관적으로 반영해야 합니다.

강사의 경험과 전문성은 가격의 근거가 됩니다. 강사료는 단순한 시간당 비용이 아니라 그 강사가 어떤 경험을 축적해 왔는지에 대한 평가이며, 현장 경험, 관련 자격, 교육 실적, 연구나 저서가 있다면 강사는 이를 근거로 설명할 책임이 있고 의뢰처는 그 설명을 기준으로 선택하게 됩니다. 강의료 협상은 서로를 설득하는 싸움이 아니라 강사는 자신의 가치를 설명하고 의뢰처는 그 가치가 목적과 조건에 부합하는지를 판단하는 과정이며, 이 균형이 맞을 때 강의는 일회성이 아니라 지속하는 관계로 이어집니다.

강의료 협상의 기본 태도

- **감사와 당당함을 동시에:** 강의 기회를 준 것에 감사하되, 나의 전문성을 존중받아야 한다는 태도를 보여야 합니다.
- **정보 파악이 우선:** 주최 기관(기업, 공공기관, 평생교육원 등)별 평균 강의료 수준을 미리 조사해야 협상의 기준이 생깁니다.
- **시간 · 난이도 · 준비도 반영:** 단순 강의(1~2시간)와 장기 과정, 또는 맞춤형 콘텐츠 제작 강의료는 달라야 합니다.

협상 시 자주 쓰이는 표현

강사료만 이야기하지 말고, 강의 준비와 운영에 들어가는 '가치 요소'를 명확하게 전하는 것이 설득 포인트입니다.

- 이 강의는 신규 개발 과정이라 준비에 많은 시간이 들어갑니다. 그 부분을 반영해 주시면 좋겠습니다.
- 기관의 예산 범위를 고려하면서도 제 전문성과 투입 시간을 적절히 반영하고 싶습니다.
- 혹시 교통비나 자료 제작비는 별도로 지원할 수 있을까요?

계약 체결 전 체크리스트

강의 내용과 시간, 강의료 협상을 문자(카톡, 문자 이메일 등)로 남겨야 합니다. 정확한 정보를 기록하는 기능과 함께 강사의 강의 준비를 위한 기준을 남기는 과정입니다.

- 강의료 액수와 지급 시기(강의 후 즉시, 월 단위 정산 등)
- 교통비 · 숙박비 · 식비 등 부대 비용 포함 여부
- 강의 자료 저작권(기관 활용 범위, 영상 촬영 여부)
- 강의 취소 및 연기 시 위약 조건(누구 책임인지, 비용 처리 방식)
- 세금 처리 방식(원천징수 여부, 세금계산서 발행 등)

교육자료의 소유권에 대한 분쟁은 많지 않지만, 간혹 내 강의 자료를 같은 기관 다른 강사가 사용하는 경우를 발견하기도 합니다. 말없이 사용한 걸 알게 되면 불쾌하지만, 이 문제를 짚고 넘어가도 될지 확신이 서지 않습니다. 혹시 문제를 거론했다 에이전시와 불편한 관계가 생길까

하는 걱정이 앞서기 때문입니다.

강의 자료를 요청받는 경우 사용 목적이나 출처를 명확히 해 두는 것
도 좋겠습니다.

초보 강사의 강사료 협상

적절한 강의료는 '강의료+네트워크+재계약 가능성+브랜드 가치'까지
함께 고려해야 장기적으로 유리합니다. 예를 들어, 한 번의 특강은 강의
료가 낮아도, 그 기관과 꾸준히 거래가 이어진다면 장기 수익으로 환산
할 수 있습니다.

- **무조건 낮게 부르지 말 것:** 한 번 형성된 '강의 단가'는 이후 협상에도 영향
  을 줍니다.
- **보수 없는 강의는 꼭 필요한 경우에만:** 경험이나 기부의 차원인지, 단순히
  미래를 담보로 한 열정 가스라이팅인지 구분하세요.
- **강의료만 보지 말고 기회도 고려:** 새로운 분야 진출이나 좋은 네트워크 연
  결, 혹은 감사의 의미라면 강사료보다 나의 성장의 기회로 삼아보세요. 기
  분 좋은 강의 경험이 결국 강사의 재산이 될 것입니다.

강사 수입 구조와 강의료 협상의 기준

강의를 시작하면 생각보다 많은 비용이 함께 따라옵니다. 교안 제작과 자료 조사, 자료 구매에 쓰이는 시간과 비용은 물론이고, 교통비나 출력비 같은 부수적인 지출까지 고려하면 강의료만 보고 수입을 판단하기는 어렵습니다. 그래서 초보 강사일수록 열심히 일하지만 통장에 남는 돈은 없다고 느끼기 쉽습니다. 이는 능력의 문제가 아니라, 수입 구조를 점검하지 않았기 때문에 생기는 현상입니다.

강의를 직업으로 선택했다면, 먼저 계산해야 할 것은 '얼마를 벌 수 있느냐'가 아니라 '나에게 얼마의 수입이 필요한가'입니다. 생활비와 고정 지출, 공부와 자기 계발에 필요한 비용을 포함해 필요한 최소 수입을 정리해야 합니다. 그리고 그 수입을 만들기 위해 내 강의는 어느 정도의 단가여야 하는지도 함께 계산해야 합니다.

이 계산은 강의료를 올리기 위한 욕심이 아니라, 강의의 질을 관리하기 위한 기준이 됩니다. 적정한 수입 구조가 있어야 강의 준비에 충분한 시간을 쓰고, 콘텐츠를 보완하며, 전문성을 유지할 수 있습니다. 기준 없는 저단가는 강의의 질을 떨어뜨리고, 결국 강사도 지칩니다.

강사가 어떤 경험과 전문성을 가졌는지, 강의가 어떤 효과를 만들어내는지, 준비와 운영에 얼마나 공을 들이고 있는지를 스스로 점검해야 합니다. 이는 내 강의의 가치를 객관적으로 평가하는 일입니다.

강의료 협상은 돈을 더 받기 위한 기술이 아닙니다. 내가 필요한 수입 구조와 그에 맞춰 설계한 강의의 가치를 근거로, 적절한 단가를 조율하는 과정입니다. 이 두 가지 관점이 정리될 때, 강의는 단발성이 아니라 오래 지속될 수 있는 일이 됩니다.

STEP 5

어떤 강사로
기억될 것인가

STEP 5는 강사의 기술과 경력을 넘어, 어떤 이름으로 남을 것인가를 정리하는 단계입니다.

강사는 강의가 끝난 뒤에도 기억에 남는 사람이어야 합니다.
이 단계에서는 나를 설명하는 한 문장을 통해 강사의 정체성을 정리하고, 일상의 태도와 품격이 어떻게 강사 브랜딩으로 이어지는지를 살펴봅니다. 또한 세상에 알려지는 과정이 왜 강사의 성장을 완성하는지, 그리고 전문성을 기준으로 '초보 강사'를 졸업하는 시점을 어떻게 판단해야 하는지도 함께 다룹니다.

STEP 5의 핵심은 강의를 넘어 강사라는 삶을 선택하는 것입니다.

읽어 나가며 스스로에게 질문해 보시기 바랍니다.

" 나는 어떤 강사로 기억되고 싶은가? "

**" 내 삶과 강의는
같은 방향을 향하고 있는가? "**

나를 설명하는 단 하나의 문장

강의는 콘텐츠만으로 평가되지 않습니다.

같은 내용을 전달하더라도 어떤 강사가 했는가에 따라 수강생의 반응과 만족도가 크게 달라집니다. 강의 후 재섭외와 소개는 가장 빠르고 확실한 마케팅인데요. 수업 만족도가 좋아서 이런 요청을 받게 되면 '이 맛에 강의하지.'라는 말이 절로 나옵니다.

늘 이렇게 다시 섭외되고 소개받는 것으로 강의가 이어지면 좋겠지만, 현실은 그렇지 않습니다. 일정한 시점이 되면 새로운 기관과 기업, 혹은 처음 접하는 담당자에게 나를 알릴 기회가 필요합니다. 단순히 '소개를 기다리는 강사'가 아니라 스스로 기회를 만들어내는 강사가 되어야 합니다. 강사가 브랜드가 되어야 합니다.

브랜딩을 통한 강사의 마케팅은 은퇴할 때까지 계속해야 할 강사의 주

업무인데요. 내 이름이 검색되게 하고, 내 강의가 어떤 이미지로 각인될지 스스로 설계하는 것입니다. 이것이 강사로 오래 살아남기 위한 핵심 전략입니다.

강사 브랜딩을 마케팅으로 연결하는 방법은 여러 가지가 있지만, 현실적으로 강사들이 가장 쉽게 접하고 빠르게 효과를 체감하는 수단은 SNS입니다. 강의는 특정 공간에 고정되지 않고 학교, 기업, 기관을 오가며 이뤄지는 노마드형 노동이기 때문에, 하나의 장소나 간판으로 자신을 설명하기 어렵습니다. 그래서 강사는 어디에 있든 자신을 설명할 수 있는 '온라인 명함'이 필요하고, SNS는 그 역할을 가장 간편하게 해줍니다.

강의가 끝난 뒤 "강사님은 어디서 활동을 볼 수 있나요?"라는 질문을 받는 순간, SNS와 블로그는 자연스럽게 다음 기회를 연결하는 통로가 됩니다. 누군가는 당장 섭외하지 않더라도, 기록된 콘텐츠를 통해 강사의 방향과 전문성을 확인하고 기억하게 됩니다. 이런 이유로 SNS는 강사 브랜딩의 전부는 아니지만, 강사 마케팅의 출발점이 되기에는 충분한 도구입니다.

여기서 한 가지 짚고 넘어가야 할 점이 있습니다. 강사의 브랜딩은 일반적인 SNS 마케팅과는 결이 다르다는 점입니다. 보통 인스타그램이나 유튜브에서 물건을 팔거나 공동구매를 진행하는 계정은 팔로워의 숫자와 불특정 다수에게 얼마나 노출되느냐가 중요합니다. 얼마나 많은 팔로

워가 있는지, 몇 명이 게시글을 봤는지, 클릭을 얼마나 유도했는지가 성패를 가르죠. 하지만 강사는 다릅니다. 강사는 '제품을 판매'하는 사람이 아니라, 신뢰와 전문성을 기반으로 한 교육 서비스를 제공하는 사람입니다. 따라서 강사의 SNS는 단순한 팔로워 수나 화려한 이미지보다 "이 사람이 어떤 강의 경험을 줄 수 있는가"를 보여주는 창이 되어야 합니다.

블로그도 마찬가지입니다. 많은 사람이 블로그를 운영할 때 이웃 숫자나 키워드 분석에 집중합니다. 하지만 강사에게 블로그는 유입 통계보다 "무엇을 남기고 있는가"가 훨씬 더 중요합니다. 왜냐하면, 누군가가 강사를 섭외하려고 검색할 때 검색어는 대개 구체적이기 때문입니다.

예: '창원 리더십 강사', 'CS 교육 강사', '전남 청소년 진로 강의'

이렇게 구체적인 키워드를 통해 검색할 때 조건에 맞춰 보이는 블로그의 수가 아주 많지는 않습니다. 한두 페이지 정도는 제목만 보면서 살펴보게 됩니다. 그리고 클릭해서 들어간 강사의 블로그를 통해 강사의 교육적 역량을 확인하게 되는데요. 이것이 강의를 의뢰할지 결정하는 가장 중요한 기준이 됩니다.

따라서 블로그에는 단순히 노출을 위한 콘텐츠가 아니라,

- 내가 어떤 분야의 교육을 잘하는지
- 강의 후기는 어떤 반응을 받았는지
- 강사로서 어떤 철학과 관점을 가졌는지를 반드시 담아야 합니다.

강사의 브랜딩은 '많은 사람이 본다.'가 아니라 '나를 찾는 사람이 나를 발견한다.'로 접근해야 합니다. 이 점을 이해하고 온라인 채널을 운영하는 것이 강사 브랜딩의 핵심 전략입니다.

강사는 '기대'로 선택된다

강사 시장에서 '누구 강사님'이라는 이름은 단순한 호칭이 아니라 신뢰의 지표가 됩니다. 기관이나 기업이 강사를 섭외할 때 결정하는 것은 강의안 한 장이 아니라, "이 강사가 우리 교육 목표에 맞는 경험과 방향을 가지고 있는가"라는 기대입니다. 다시 말해, 강사는 콘텐츠가 아니라 가능성과 결과에 대한 믿음으로 선택됩니다.

그래서 강사에게는 나만의 색깔이 담긴 브랜드 아이덴티티가 필요합니다. 이는 거창한 마케팅 전략이 아니라, 스스로를 명확하게 설명할 수 있는 기준을 세우는 일에 가깝습니다. 다음 질문에 대한 답을 정리해 보는 것이 강사 브랜딩의 출발점이 됩니다. 다음 질문에 답해보세요.

Q 나는 어떤 분야에 강한가?

_____

_____

Q 다른 강사와 차별화되는 내 무기는 무엇인가?

_____

_____

Q 내 이름을 들었을 때 사람들이 떠올리길 바라는 이미지는?

_____

_____

강사의 브랜드는 경험에서 완성된다

홈페이지나 블로그, 프로필 사진, 명함처럼 눈에 보이는 요소들도 강사에게는 분명 필요합니다. 하지만 강사의 브랜드는 결국 수강생이 강의를 직접 들으면서 무엇을 느꼈는지, 어떤 경험을 했는지를 통해 완성됩니다. 같은 내용의 강의라도 설명이 잘 이해되는지, 시간이 지루하지 않게 흘러가는지, 강의가 끝난 뒤 한 가지라도 남는 것이 있었는지에 따라 강사에 대한 인상은 완전히 달라집니다.

　강의가 끝난 뒤 "설명이 쉽게 들어왔어요.", "집중해서 들었어요.", "다음에도 이 강사님 강의를 듣고 싶어요."라는 말이 나오기 시작하면, 그 순간부터 강사의 브랜드는 조금씩 쌓이기 시작합니다. 이런 평가는 광고처럼 한 번에 만들어지는 것이 아니라, 여러 번의 강의 경험이 반복되면서 자연스럽게 누적됩니다. 그래서 강사는 강의 한 회 한 회를 단순히 시간을 채우는 일정으로 보지 말고, 수강생의 기억에 어떤 경험을 남길 것인지를 고민하는 자리로 바라볼 필요가 있습니다.

　결국 강사의 브랜딩은 특별한 마케팅 기법보다도 강의 현장에서의 태도와 준비, 설명 방식, 질문을 받아들이는 자세에서 만들어집니다. 한 번의 강의에서 남긴 인상이 다음 섭외와 소개로 이어지고, 그 경험들이 모여 강사의 이름을 하나의 브랜드로 만들기 때문입니다.

온라인을 통한 확장

　요즘은 오프라인 강의만으로 강사 브랜딩을 구축하기 어렵습니다. 강의실에서의 경험이 브랜드의 핵심이라면, 온라인은 그 경험을 확장하고 연결하는 통로입니다. 블로그, 인스타그램, 유튜브 등 온라인 채널을 통해 자신의 전문성과 강의 방향을 꾸준히 보여줄 필요가 있습니다.

- **블로그:** 강의 후기, 교육 현장에서의 고민, 교육 관련 칼럼
- **인스타그램:** 강의 현장 스냅, 짧은 인사이트, 강사의 일상적인 생각
- **유튜브:** 미니 강의, 책 리뷰, 교육 팁 정리

온라인 브랜딩에서 광고비보다 중요한 것은 꾸준함입니다. 콘텐츠 하나하나가 또 하나의 강의장이자, 강사를 설명하는 명함이 됩니다. "블로그나 인스타그램을 해도 효과가 없다."라고 말하는 강사들도 많습니다. 하지만 실제로 충분한 시간 동안 일관되게 운영했는지에 그렇다고 답하지 못합니다. 그만큼 꾸준함을 지속한 소수의 강사만 기회를 잡는다는 의미입니다. 혼자서 모든 채널을 꾸준히 관리하는 것이 어렵다면, 비슷한 방향의 강사들과 크루를 만들어 보세요. 서로의 콘텐츠를 점검히고 자극을 주는 방식은 큰 도움이 됩니다. 정기적으로 업로드를 약속하거나 서로의 글과 영상을 공유하는 작은 협력만으로도 홍보의 지속성은 훨씬 높아집니다.

브랜드는 곧 기회다

브랜딩의 목적은 단순히 멋져 보이기 위함이 아닙니다. 강사의 브랜드가 분명해질수록 강의료 협상력은 높아지고, 강의 의뢰의 빈도와 범위 역시 달라집니다. 어떤 강사인지 명확할수록, 의뢰처는 고민 없이 선택할 수 있기 때문입니다.

강사에게 브랜딩은 선택 사항이 아니라 생존 전략이자 성장 전략입니다. 그렇다고 부담을 가질 필요는 없습니다. 이왕 시작한 강의라면, 자신의 색깔을 발견하고 기록하며 즐겁게 확장해 가는 과정이 될 수 있습니다. 꾸준히 쌓인 브랜드는 결국 강사를 더 오래, 더 안정적으로 무대에 서게 만듭니다.

일상의 품격으로 완성하는 강사 브랜딩

강사 경력이 충분하지 않은 초보 강사에게 이미지 관리는 생각보다 훨씬 중요한 요소입니다. 아직 강의 경험과 레퍼런스가 많지 않은 단계에서는, 잘 갖춰진 복장과 안정적인 태도, 철저한 준비만으로도 부족한 강의 역량을 충분히 보완할 수 있기 때문입니다.

강의의 질은 단순히 자료의 완성도나 지식의 양으로만 결정되지 않습니다. 교육생이 강사를 처음 만났을 때 느끼는 인상, 강의장에 들어서는 순간의 분위기, 강사가 만들어내는 말투와 태도까지 모두가 하나의 강의 경험으로 작용합니다. 이 첫인상은 강의 내용에 대한 신뢰와 몰입도를 좌우하는 중요한 기준이 됩니다.

따라서 아직 경험이 부족한 초보 강사일수록 외적 이미지와 태도, 그리고 준비 과정을 통해 전문성을 더욱 분명하게 드러낼 필요가 있습니다. 이 장에서는 초보 강사를 위한 구체적인 브랜드와 스타일 방향, 강의 현장에서 점검해야 할 태도와 준비 요소를 중심으로 이미지 관리의 핵심을 자세히 살펴보겠습니다.

신뢰감을 주는 복장과 스타일

강의에서 교육생이 가장 먼저 마주하는 것은 강사의 말보다 외적 이미지입니다. 특히 강의 경력이 충분하지 않은 초보 강사일수록, 외적 이미지는 경험의 공백을 메워주는 중요한 장치가 됩니다. 요즘 강의 현장은 지나치게 격식 있거나 반대로 너무 캐주얼한 차림보다는, 단정하면서도 편안한 '프로페셔널 캐수얼'이 주류를 이루고 있습니다.

남성 강사

- **스타일:** 블레이저에 셔츠 또는 깔끔한 니트, 세미 정장 셋업이나 슬랙스 중심의 단정한 코디
- **컬러:** 네이비, 차콜, 다크그레이, 블랙 등 안정감 있는 무채 톤 위주
- **액세서리:** 구두와 벨트의 컬러를 맞추거나, 불필요한 장식 없이 심플한 디자인 선택
- **신발:** 앞코가 과하게 뾰족하지 않은 클래식한 로퍼나 더비 슈즈, 최근에는 정장에 어울리는 미니멀한 가죽 스니커즈도 자연스럽게 허용되는 분위기

여성 강사

- **스타일:** 테일러드 재킷에 슬랙스나 H라인 스커트, 혹은 실루엣이 단정한 원피스
- **컬러:** 베이지, 네이비, 블랙, 차분한 그레이 톤으로 전체 코디의 통일감 강조
- **액세서리:** 로고가 크게 드러나지 않는 토트백이나 미니 크로스백, 과한 장식은 지양
- **헤어 · 메이크업:** 강의 환경에 어울리는 자연스럽고 정돈된 스타일, 과한 색조보다는 깨끗한 인상 위주
- **신발:** 발가락이 보이지 않는 단정한 구두나 낮은 굽의 로퍼, 장시간 강의를 고려한 착화감 중시
- **추천 방향:** 유행을 강하게 타는 디자인보다 기본 실루엣의 클래식한 정장을 중심으로 준비하면 활용도가 높습니다. 아웃렛을 활용하면 합리적인 가격으로 질 좋은 아이템을 마련할 수 있고, 최근에는 정장에 어울리는 미니멀한 스니커즈를 매치해 세련된 이미지를 연출하는 것도 좋은 선택입니다.

외적 이미지가 통일되고 단정할수록, 교육생과 교육 담당자는 강사의 말과 콘텐츠를 접하기 전에 이미 전문성과 신뢰를 자연스럽게 받아들이게 됩니다. 이는 강사가 무엇을 말하느냐보다, 그 말을 얼마나 안정감 있게 전달할 수 있는지에 대한 첫 판단이 외적 이미지에서 이루어지기 때문입니다.

복장과 스타일이 정리된 강사는 설명에 대한 집중도를 높이고, 교육생이 강의 내용에 몰입할 수 있는 환경을 만드는 데에도 긍정적인 영향을

줍니다. 따라서 외적 이미지는 단순한 겉모습이 아니라, 강의의 시작 단계에서 신뢰를 설계하는 중요한 요소라 할 수 있습니다.

미리 현장을 점검하는 강사

강의장에서의 태도와 준비는 단순한 성실함의 문제가 아니라, 강사의 브랜드를 구성하는 중요한 요소입니다. 강의 전 현장을 미리 점검하는 강사는 보이지 않는 곳에서 이미 신뢰를 쌓고 있습니다. 교육생과 교육 담당자는 강사가 얼마나 체계적으로 강의를 준비했는지를 강의 시작 전부터 감지하게 되고, 이 첫인상은 강의 전반에 대한 평가로 이어집니다.

- **환경 점검:** 책상·의자 배치, 조명, 화이트보드 및 스크린 위치
- **장비 점검:** 빔프로젝터, 마이크, 포인터 등 장비 상태 확인
- **시간 관리:** 최소 20~30분 일찍 도착해 장비 세팅과 예행연습

환경과 장비, 시간에 대한 사전 점검은 '이 강사는 현장을 존중한다'는 메시지를 전달합니다. 책상과 의자 배치, 조명, 스크린 위치를 확인하는 것은 강의 내용을 더 잘 전달하기 위한 배려이며, 빔프로젝터나 마이크 상태를 점검하는 것은 강의 흐름을 끊지 않겠다는 준비의 표현입니다.

만약 사전 방문이 어렵다면, 최소한 일찍 도착해 공간을 빠르게 파악

하고 강의 동선을 그려보는 것만으로도 충분합니다. 교육생이 어디에 앉는지, 시선은 어디로 향하는지, 어떤 지점에서 설명이 효과적인지를 미리 생각해 두면 강의 시작부터 안정감이 달라집니다.

이런 준비는 강의 도중의 실수를 줄이는 데서 그치지 않습니다. 강의 시작부터 안정적인 분위기를 만들고, 교육생이 내용에 집중할 수 있는 환경을 조성합니다. 결과적으로 강사는 즉흥적으로 진행하는 사람이 아니라, **미리 점검하고 설계해 완성도 있는 강의를 하는 사람**으로 기억됩니다. 이 인상이 쌓일수록 강사의 브랜드는 더욱 단단해집니다.

교육생 이해로 강의 만족도 올리기

강의 만족도가 높다는 평가는 곧 '강의를 잘하는 강사'라는 이미지로 이어집니다. 그리고 그 만족도의 출발점은 콘텐츠의 양이나 화려한 전달력이 아니라, 교육생을 얼마나 정확히 이해하고 있는가에 있습니다. 교육생을 먼저 이해하는 강사는 설명의 방향과 속도, 예시의 선택부터 달라지고, 이는 곧 강의에 대한 몰입도와 신뢰로 이어집니다.

- 연령대, 직급, 관심사, 배경지식을 분석하고, 강의 예시와 설명 방식을 조정
- 수업 시작 전 2∼3분 아이스브레이킹으로 친밀감 형성
- 질문과 피드백을 적극적으로 반영해 쌍방향 소통

강의 전에는 교육생의 연령대와 직급, 관심사, 배경지식을 파악해 강의 예시와 설명 방식을 조정할 필요가 있습니다. 같은 내용이라도 누구에게 어떻게 설명하느냐에 따라 이해도는 크게 달라지기 때문입니다. 수업 시작 전 2~3분 정도의 가벼운 아이스브레이킹은 강의 분위기를 부드럽게 만들고, 교육생이 강사에게 마음을 여는 계기가 됩니다. 또한 강의 중 질문과 반응을 적극적으로 받아들이고 피드백을 반영하는 태도는, 강의를 일방적인 전달이 아닌 '함께 만드는 강의'로 바꿉니다.

이러한 과정은 초보 강사에게 특히 중요한 전략입니다. 아직 강의 횟수나 이력이 많지 않더라도, 교육생을 이해하고 맞춤형으로 준비한 강의는 경험 부족을 충분히 보완해 줍니다. 교육생이 "나를 이해해 주는 강사"라고 느끼는 순간, 강의 몰입도와 만족도는 눈에 띄게 높아지고, 소개로 이어지는 강사의 브랜드 자산이 됩니다.

교육담당자가 다시 찾는 강사의 공통점

강사의 이미지는 강의가 시작되기 전부터 형성되며, 강의가 끝난 뒤에도 계속 평가됩니다. 단정한 외모나 안정적인 말투도 중요하지만, 그것만으로 강사의 이미지는 완성되지 않습니다. 강의 현장에서 교육담당자와 어떻게 소통하고 협력하는지, 요청과 상황에 어떻게 대응하는지 역시 강사의 이미지를 구성하는 핵심 요소입니다. 강의는 혼자만의 역량으로

완성되는 일이 아니며, 교육담당자와의 원활한 협력 과정이 곧 강사의
신뢰와 다음 기회를 결정짓는 기준이 됩니다.

- 담당자의 요청과 피드백에 빠르고 성실하게 응답한다.
- 작은 지원이나 배려에도 감사 인사를 잊지 않는다.
- 현장 상황에 맞춰 유연하게 협조하며 해결책을 함께 찾는다

담당자의 요청이나 피드백에 성실히 응답하고, 작은 부분에도 감사 인
사를 잊지 않는 강사는 일 잘하는 강사로 기억됩니다. 현장 상황에 맞춰
적극적으로 협조하는 태도는 강사의 이미지를 크게 좌우합니다. 이는 단
순히 예의 차원이 아니라, **'이 강사는 함께 일하기 편하다.'**는 신뢰를 주는
행동이기 때문입니다.

강의력이 완벽하지 않더라도 긍정적인 관계 관리가 평가를 달라지게
만듭니다. 담당자는 강사의 실력 못지않게 함께 협력할 수 있는 태도를
높이 평가하기 때문입니다. 강사의 이미지에서 태도는, 강의의 질을 보
완하고 장기적인 기회를 열어주는 핵심 자산이라 할 수 있습니다.

강사의 이미지는 어느 한 가지 요소로 만들어지지 않습니다. 복장과
외적 이미지는 첫 신뢰를 만들고, 사전 준비와 환경 점검은 강의의 완성
도를 높이며, 교육생과 교육담당자와의 관계는 그 강의를 다음 기회로

연결합니다. 이 모든 요소가 함께 작동할 때, 강사는 단순히 '강의를 한 사람'이 아니라 '다시 함께 일하고 싶은 사람'으로 기억됩니다.

실력은 시간이 쌓이며 자연스럽게 성장합니다. 그러나 단정한 복장, 성실한 준비, 현장에 맞춘 태도와 관계 관리는 오늘부터 바로 적용할 수 있는 영역입니다. 특히 초보 강사에게 이 요소들은 경험 부족을 보완해 주는 가장 강력한 무기입니다. 강의실에 들어서는 순간부터 강의가 끝난 뒤의 인사까지, 그 모든 과정이 강사의 이미지를 만들고 다음 기회를 열어줍니다. 강사를 오래 지속시키는 힘은 결국, 강의력과 태도가 함께 만들어내는 신뢰에 있습니다.

세상에 알려질 때 비로소 존재한다

03

아무리 강의를 잘하더라도 알려지지 않으면 기회가 생기지 않습니다. '좋은 강사인데 왜 기회가 오지 않을까?'라는 고민을 하는 분들이 많습니다. 그런데 그 이유는 대부분 실력이 부족해서가 아니라, 단순히 알려지지 않아서인 경우가 훨씬 많습니다. 강사에게 셀프 마케팅은 선택이 아니라 생존 전략입니다.

문제는 많은 강사들이 '셀프 마케팅'이라는 단어에서 거부감을 느낀다는 점입니다. '나는 강의를 잘하면 되지, 굳이 나를 홍보할 필요가 있을까?' 혹은 '홍보는 나와 맞지 않아.'라고 생각하는 경우가 많습니다.

하지만 여기서 말하는 셀프 마케팅은 억지로 나를 포장하거나 과장하는 것이 아닙니다. 오히려 그 반대입니다. 강사로서 내가 가진 전문성을 어떻게 보여줄 것인지, 어떤 방식으로 사람들의 기억에 남을 것인지 스스로 설계하는 과정일 뿐입니다.

강의력은 강사의 기본 조건이고, 마케팅은 그것을 세상에 알리는 확성기와 같습니다. 아무리 좋은 음악도 소리가 밖으로 흘러 나가지 않으면 누구도 들을 수 없습니다. 강사의 실력 또한 마찬가지입니다. 마케팅은 강의를 대신해 주는 것이 아니라, 강의가 더 많은 사람에게 닿을 수 있도록 길을 열어주는 도구입니다. 어떻게 하면 나를 자연스럽고 진정성 있게 알릴 수 있을까요? 지금부터 몇 가지 핵심적인 전략을 살펴보겠습니다.

1. 온라인에 이름을 남기세요

지금 당장 검색창에 자신의 이름을 입력해 보세요. 무엇이 나오나요? 만약 아무것도 보이지 않는다면, 그것이 지금 강사로서의 현실입니다. 온라인에서 보이지 않는 강사는 시장에서도 보이지 않습니다. 강사는 강의실에서만 존재하는 사람이 아니라, 온라인에서도 자신의 이야기가 확인되는 사람이어야 합니다.

블로그, 인스타그램, 유튜브 같은 채널 중 하나만 선택해도 충분합니다. 작은 강의 후기 하나, 짧은 인사이트 한 줄, 현장 사진 한 장이면 시작할 수 있습니다. 완성도 높은 콘텐츠보다 중요한 것은 **강사의 이야기를 꾸준히 기록하는 것**입니다. 이 기록들이 쌓여 온라인에서 강사의 첫인상이 됩니다.

1. **개인 홈페이지 및 블로그:** 강의 주제, 약력, 강의 후기, 자료 등을 모아두는 온라인 명함
2. **SNS 활용:** 페이스북, 인스타그램, 유튜브 등을 통해 강의 현장과 생각을 공유하며 강사의 이야기를 자연스럽게 노출
3. **뉴스레터 및 카카오 채널:** 기관 담당자와 수강생에게 이야기를 이어가며 관계를 유지하는 창구

2. 콘텐츠로 전문성을 남기세요

수강생에게 나눠준 인쇄물, 블로그에 올린 칼럼, 유튜브에 올린 짧은 영상 하나하나는 모두 강사를 대신해 전문성을 보여주는 도구입니다. 콘텐츠는 단순한 홍보물이 아니라, 강사가 어떤 관점으로 이 일을 하고 있는지를 보여주는 기록입니다.

특히 한 권의 책은 강사에게 큰 힘이 됩니다. 강의도 하고 책도 쓴 사람이라는 사실 하나만으로도 강사의 신뢰도는 달라집니다. 여러분이 가진 메시지를 이야기의 형태로 남기세요. 그것은 시간이 지나도 계속 나를 대신해 말해주는 자산이 됩니다.

- **책 출간:** 강사의 이야기를 체계적으로 정리해 '강사=저자=전문가' 이미지를 형성
- **칼럼 기고:** 신문·잡지·온라인 매체에 강사의 이야기를 남겨 '찾아오는

강사'로 자리매김

- **영상 콘텐츠:** 짧은 강의 팁과 사례를 통해 강사의 생각과 방향을 쉽게 전달

3. 현장에서 좋은 기억을 남기세요

마케팅은 강의장에 들어서기 전부터 이미 시작됩니다. 담당자와 나눈 첫 통화, 강의 전 준비 과정, 현장에서의 태도, 수강생과의 눈 맞춤 하나까지 모두 강사의 이야기가 됩니다. 그리고 강의가 끝난 뒤에도 그 이야기는 계속됩니다.

강의 자료를 정리해 보내고, 질문에 성실히 답하고, 감사 인사를 선하는 작은 행동들이 다시 함께 일하고 싶게 만듭니다. 강의는 끝났어도 평가는 계속되고, 그 평가는 다음 기회를 불러옵니다.

- **명함:** 디자인과 메시지를 통해 강사의 이야기를 일관되게 전달
- **후속 피드백:** 강의 후 자료 제공과 추가 응답으로 관계 이어가기
- **이미지 관리:** 현장이나 일상에서의 태도가 곧 다음 강의 제안으로 연결됨

4. 성장하는 모임에 참여하세요

강사의 이야기는 강의장 안에서만 머물지 않습니다. 모임, 학회, 스터디, 동료 강사와의 협업 역시 모두 강사의 이야기가 확장되는 무대입니다. 특히 혼자만의 성장은 금방 한계에 부딪히기 마련입니다. 함께 배우고, 함께 강의하고, 함께 알려지세요.

혼자 만든 이야기는 쉽게 사라지지만, 관계 속에서 반복되는 이야기는 오래 남습니다. 좋은 평판은 혼자 애써 만드는 것이 아니라, 관계 속에서 자연스럽게 쌓입니다. 혼자 가면 빨리 갈 수 있지만, 함께 가면 멀리 갈 수 있습니다. 강사도 마찬가지입니다.

- **업계 모임 침여:** 강사 모임, 학회, 스터니 참여로 강사의 이야기를 공유하고 확장
- **기관 담당자와의 관계 유지:** 감사 인사와 근황 공유로 이야기를 이어감
- **협업 강의:** 다른 강사와 이야기를 연결해 새로운 기회 창출

5. 이야기로 오래 기억되세요

사람들은 강사의 지식보다 이야기를 더 오래 기억합니다. 왜 이 분야를 강의하게 되었는지, 어떤 과정을 거쳐 지금의 강사가 되었는지, 내 강의를 들으면 무엇이 달라지는지를 설명할 수 있어야 합니다. 이야기를

가진 강사는 쉽게 잊히지 않습니다.

- **전문성의 키워드 설정:** '나는 ○○한 강사다.'라는 한 줄 이야기
- **경험 정리:** 강사가 되기까지의 과정과 선택을 하나의 이야기로 엮기
- **차별화 포인트:** 같은 주제라도 내가 다른 방식으로 이야기하는 이유를 분명히 하기

마케팅은 '홍보'가 아니라 '관계'이고, '기록'입니다. 강사가 오래도록 시장에 존재하기 위한 생존 전략입니다. 그래서 마케팅은 **내일이 아니라 오늘 바로 시작해야 합니다.**

거창한 작업일 필요도 없습니다. 오늘 당장 온라인에 작은 흔적 하나를 남겨보세요. 강의 현장에서 찍은 사진 한 장, 강의에 사용한 자료의 일부, 하루를 정리하는 짧은 글도 괜찮습니다. 중요한 건 계속 보이는 것입니다. 작은 기록이 쌓이면 그것이 결국 나만의 브랜드가 됩니다.

초보 강사를 위한 팁

강의는 무대 위에서 끝나지만, 강사의 이름은 무대 밖에서도 살아 움직입니다. 오늘부터 그 이름을 세상 속에 심어두세요. 그것이 강사로서 두 번째 강의, 세 번째 강의로 이어지는 가장 확실한 길입니다.

전문성으로
'초보 강사' 졸업하기

04

여러분의 전문 강의는 무엇인가요?

제 전문 분야는 **퍼블릭 스피치**입니다. 퍼블릭 스피치는 여러 사람 앞에서 목적을 가지고 말하는 모든 상황을 의미합니다. 발표, 강의, 프레젠테이션처럼 대중을 대상으로 메시지를 전달하는 말하기가 여기에 해당합니다. 일대일 대화와 달리, 퍼블릭 스피치는 한 사람의 감정에 반응하기보다 다수의 이해를 동시에 고려해야 하며, 말의 구조와 흐름이 무엇보다 중요해집니다.

예를 들어 회의에서 자신의 아이디어를 설명하는 발표, 교육 현장에서 학습 내용을 전달하는 강의, 기업에서 전략을 설득하는 프레젠테이션은 모두 퍼블릭 스피치의 영역에 속합니다. 이때 중요한 것은 말을 잘하는 인상이 아니라, 듣는 사람들이 내용을 정확히 이해하고 고개를 끄덕이게 만드는 논리입니다. 퍼블릭 스피치는 감정 표현보다 메시지의 목적과 전달 결과가 분명해야 하는 말하기입니다.

퍼블릭 스피치는 '대중 앞에서 논리적으로 말하는 기술'이라고 정의할 수 있습니다. 무엇을 말할 것인지뿐 아니라, 어떤 순서로, 어떤 근거로 전달할 것인지가 명확할 때 비로소 설득력이 생기며, 이는 발표·강의·프레젠테이션 전반에 공통으로 적용되는 핵심 원칙입니다.

제가 이런 말 하기를 다루게 된 이유는, 개인적인 성향과도 맞닿아 있습니다. 저는 공감을 표현하는 데서 멈추기보다, 공감 이후 무엇을 정리하고 어떻게 해결할 수 있을지를 먼저 생각하는 편입니다. 그래서 제 말하기는 위로보다는 방향을 제시하는 쪽에 가깝고, 이 방식이 자연스럽게 스피치 교육의 전문 영역으로 이어졌습니다.

이처럼 전문 분야를 단순히 '스피치'라는 한 단어로 소개하기보다, 대중 앞에서 말하는 여러 영역 중에서 내가 어떤 말 하기를 다루는 강사인지 구체적으로 설명할 수 있어야 합니다. **그래야 강사가 무엇을 잘하는 사람인지 분명해집니다.**

아직 감이 잘 오지 않는다고 느껴진다면, 오늘 함께 생각해 보면 좋겠습니다. 전업 강사들이 가장 많이 선택하고, 또 실제로 강의 시장에서 활용도가 높은 대표적인 강의 주제 다섯 가지를 예로 살펴보겠습니다.

자기 이해와 진로 탐색

진로 선택의 첫걸음은 자신을 이해하는 것이죠. 강사는 수강자들이 자신의 성격, 가치관, 흥미, 능력을 깊이 이해할 수 있도록 돕는 역할을 합니다. 이 과정에서 Holland(직업 흥미 검사)나 MBTI와 같은 검사를 활용할 수 있는데요.

검사 결과를 통해 수강자들은 자신의 특성에 맞는 직업군을 탐색할 수 있고, 이를 바탕으로 진로를 설정할 수 있습니다. 또한, 다양한 직업에 대한 정보와 해당 직업이 요구하는 역량을 제공하여 수강자들이 더욱 명확한 진로를 선택할 수 있도록 길을 안내합니다.

다시 말하면, 자기 탐색을 강의하는 강사는 교육에 필요한 여러 가지 검사 도구를 이해하고 수강생들에게 결과 해석을 할 수 있는 전문성을 갖추어야 한다는 것을 의미합니다.

진로 목표 설정과 달성

목표 설정은 성공적인 진로 개발의 핵심 요소입니다. 자기 탐색과 이해의 과정을 거친 교육생들은, 미래의 자기 모습을 그려 나갑니다. 이제 강사는 수강자들이 구체적이고 실현할 수 있는 목표를 세울 수 있도록 지도해야 하는데요.

예를 들면 SMART 목표 설정 기법을 안내하기도 하고, 단기, 중기, 장기 목표를 어떻게 설정하고 이를 달성하기 위한 계획을 세우는지 예시를 보여주기도 합니다. 이때 머릿속의 그림을 도식화하고 눈으로 볼 수 있도록 비전 보드류의 경력 로드맵을 작성하기도 합니다.

교육생들은 자신의 경로를 시각적으로 확인하고, 단계별로 목표를 세분화해서 각 목표를 달성할 수 있다는 자신감을 얻게 됩니다.

진로 목표의 큰 틀을 세웠다면, 그 목표를 달성하기 위한 세부 행동을 수립하고 꾸준히 실천해야 해야 하는데요. 강사는 교육생들에게 이 과정이 왜 필요한지, 논리적인 자료를 들어 동기를 부여합니다.

그들이 선택한 직업에서 요구되는 학력, 자격증, 실무 경험 등을 파악하고, 이를 위한 구체적인 교육 및 훈련 계획을 수립할 수 있도록 조력합니다. 필요한 정보를 얻을 수 있는 사이트를 안내하거나, 멘토가 되어 줄 수 있는 다양한 직업군의 실무자들을 수강생과 연결하여 컨설팅할 수 있도록 교육 프로그램을 구성하기도 합니다.

직업 세계의 이해와 경험

교육생들이 진로를 선택할 때 직업 세계에 대한 충분한 이해가 필요합니다. 강사는 다양한 산업 분야와 직무를 소개하며, 각 직업이 요구하는 주요 역량과 업무 내용을 설명합니다. 특히, 기술 발전과 경제 변화에 따라 떠오르는 미래 유망 직업군에 대한 정보도 제공하여, 수강자들이 변화하는 직업 시장에 대비할 수 있도록 해야 합니다.

교육을 통해 수강자들이 직업 세계에서의 올바른 태도와 가치를 갖출 수 있도록 돕는 것도 중요한데요. 이론적 교육만으로는 충분하지 않은 경우도 많아, 활동 프로그램을 병행하게 됩니다. 예를 들어 목표를 달성하는 다양한 방법에 대해 안내만 한다면, 실질적인 방법을 적용하는 단계에 이르지 못하는 경우가 다반사일 텐데요. 체험과 실습으로 필요한 기술을 체험해 볼 수 있도록 하고, 직업 체험, 인턴십, 견학 등을 통해 실제 직무 경험을 쌓을 기회를 찾을 수 있도록 안내합니다.

또한, 멘토링 프로그램을 통해 직업 현장에서 활동 중인 전문가들과의 연결을 도와주며, 이를 통해 수강자들이 직무에 대한 깊이 있는 이해를 얻을 수 있도록 지원하는 것도 강사의 역할입니다.

취업 및 창업 준비 전략

진로의 직업 형태는 크게 사업가, 전문가, 취업의 세 가지로 볼 수 있습니다. 강사는 다양한 진로 선택 상황에서 어떤 준비가 필요하고, 어떻게 원하는 일을 할 수 있는지 직접적인 방법을 교육하거나, 정보를 찾는 방법을 구체적으로 보여주고, 스스로 정보를 수집할 수 있는 역량을 갖출 수 있도록 교육합니다.

이때 취업 과정에서 직면할 다양한 과제를 성공적으로 극복할 수 있도록 실질적인 취업 준비 전략을 제공해야 합니다.

전문 강사는 각 직무에 맞는 맞춤형 이력서 작성 방법을 구체적으로 제시할 수 있어야 합니다. 또한, 효과적인 구직 활동을 위한 정보 검색 방법과 네트워킹 전략도 함께 제공하여 수강자들이 취업 기회를 최대한으로 활용할 수 있도록 돕는 것도 취업 준비 교육의 핵심입니다.

이력서 및 자기소개서 작성법은 물론, 면접 기술도 중요하게 다루어야 하는데요. 실제 면접 상황을 만들고, 모의 면접을 진행합니다.

창업을 고려하는 교육생들에게 창업 아이디어 발굴부터 비즈니스 플랜 작성, 창업 자금 마련과 관리에 이르기까지 창업의 모든 과정을 프로그램화합니다. 또 빠르게 변화하는 ai 시대에 더욱 중요한 성공적인 아이템 발굴과 운영을 위한 전략을 제공함으로써, 수강자들이 창업을 현실적으로 준비할 수 있도록 안내합니다.

조직 활성과 마인드셋

진로 교육은 단지 행복한 미래를 준비하는 과정에만 머물지 않습니다. 진로가 '무슨 일을 할 것인가'를 넘어 '어떤 사람으로 살아갈 것인가'를 고민하는 일이라면, 입사 이후 직장에서의 행복과 성취 역시 한 개인의 삶에서 매우 중요한 요소가 됩니다. 실제로 개인의 경력뿐 아니라, 조직 안에서 마주하게 되는 다양한 문제를 어떻게 해결하느냐에 따라 삶의 만족도는 크게 달라집니다.

이러한 맥락에서 강사는 수강자들이 조직 내에서 겪을 수 있는 갈등과 어려움을 인식하고, 이를 효과적으로 관리하며 긍정적인 조직문화를 만들어 갈 수 있도록 사고의 범위를 넓히고 스스로 정리하도록 돕는 역할을 합니다. 이때 강사는 해답을 제시하기보다, 질문과 구조를 통해 생각을 끌어내는 퍼실리테이터의 역할을 합니다.

행복과 마인드셋을 다루는 진로 교육에서는 강사의 개입이 비교적 적고, 수강자의 참여와 선택이 중심이 됩니다. 수강생들의 적극적인 참여를 유도하는 게이미피케이션 교수법, 즉 게임 요소를 활용한 교육의 방식이 자주 활용됩니다. 살아가면서 하게 되는 선택의 순간, 결국 '나' 스스로 결정한다는 것을 참여형 교육으로 자연스럽게 알려주는 것입니다.

문제 해결 능력, 팀워크 강화, 효과적인 의사소통 방법 등을 다루는 프로그램 역시 중요한 교육 주제입니다. 이를 통해 수강자들은 조직 내에서 발생할 수 있는 다양한 상황을 수동적으로 받아들이는 것이 아니라, 주도적으로 대응하는 힘을 기르게 됩니다. 변화하는 조직 환경에 적응하고, 맡은 역할에서 최선의 성과를 낼 수 있도록 돕는 마인드셋 교육은 수강자가 조직 안에서 안정적으로 성장하고, 서로 긍정적인 영향을 미치도록 하는 데 목적이 있습니다. 이러한 강의는 결국, 행복한 삶으로 이어지는 진로 설정의 중요한 한 축을 이룹니다.

　강사들이 이렇게 다양한 주제들을 강의한다는 것에 놀라셨나요? 이 외에 조직관리, 리더십, 인문학 등 보다 전문적인 지식이 필요한 주제들도 많이 있답니다. 오늘은 그중 상대적으로 빨리 준비해 볼 수 있는 주제만 다뤘는데요.

　처음부터 모든 강의가 가능하진 않습니다. 어떤 분야는 지난 경력에서 전문가 수준이어서 바로 시작할 수 있고, 어떤 분야는 강사가 된 이후에 처음부터 공부하기 시작합니다. 어떤 주제에서 전문성을 갖게 되든, 결국 모든 교육의 목표는 교육생들이 스스로 행복한 삶을 살아갈 수 있도록 교육하는 것 아닐까요?

　강사의 이전 학습이나 경력을 고려해 가장 전문성을 갖춘 분야부터 시작하세요. 그리고 꾸준한 학습을 통해 하나씩 영역을 넓혀나가면 다양한 곳에서 러브콜을 받으실 겁니다. 그리고 이 중 한 분야는 오래, 깊이 파고들어 보세요. 나는 ㅇㅇ 전문 강사라고 자신 있게 말할 수 있을 것입니다.

05 사는 대로 강의하고 강의한 대로 살아간다

강사라는 직업은 겉으로 보기에는 화려해 보입니다. 많은 사람 앞에서 마이크를 잡고 자신의 이야기를 전하고, 청중의 반응 속에서 박수와 웃음을 받는 순간은 분명 매력적입니다. 무대 위의 강사는 늘 당당하고 자신감 넘쳐 보이기에, 강사의 삶은 안정적이고 즐거울 것이라는 오해를 받기도 합니다.

하지만 막상 그 길을 살아보면 전혀 다른 현실을 마주합니다. 강사의 삶은 절대 편하지 않습니다. 언제, 어디서, 어떤 강의 기회가 주어질지 알 수 없고, 그 불확실성이 생활 전반에 그림자를 드리울 때가 많습니다.

강사료가 일정하지 않아 다음 달의 수입을 장담하기 어려운 경우도 많습니다. 초보 강사일수록 강의 횟수를 채우기 위해 기업, 학교, 공공기관을 가리지 않고 뛰어다니며 체력적으로도 지치기 쉽습니다. 어떤 날은 하루에 두세 곳을 오가며 강의하기도 하고, 또 어떤 달은 달력에 강의 일정이 거의 비어 있을 때도 있습니다.

이 불안정함을 견디는 것은 쉽지 않은데요. 그런데도 많은 사람이 강사의 길을 선택하고, 또 오래도록 이 길을 이어갑니다. 이유는 단순합니다. 강사는 배우고 성장할 수밖에 없는 직업이기 때문입니다.

강의는 단순히 남을 가르치는 일이 아닙니다. 오히려 자기 자신을 가장 많이 배우고 단련하는 과정입니다. 남들 앞에서 무언가를 이야기하려면 먼저 더 깊이 공부해야 하고, 수강생의 질문에 답하기 위해 새로운 자료를 찾으며 안목을 넓혀야 합니다. 강의에서 전하는 메시지가 공허하지 않으려면 실제 자기 삶 속에서 그것을 먼저 실천해야 하기에, 자연스럽게 생활 태도도 달라집니다.

강사는 무대 위에서만 말하는 사람이 아니라, 일상의 선택과 태도까지도 강의의 연장선에 놓이게 됩니다. 강의에서 말한 가치와 삶의 모습이 다르다면, 메시지는 힘을 잃기 쉽기 때문입니다. 이런 작은 선택과 실천들이 쌓여 강사로서의 신뢰를 만들고, 말의 무게를 지탱해 준다고 믿습니다. 그런 이유로 강의에서 전하는 메시지와 삶의 방향이 어긋나지 않도록 스스로 기준을 세워두고 있습니다.

살다 보면 수많은 어려움을 마주합니다. 저 역시 경제적으로 불안한 시기도 있었고, 자신감이 꺾여 무대에 오르는 것조차 두려웠던 순간도 있었습니다. 강사의 길은 쉽지 않았고, 그만두고 싶었던 순간도 없지 않았습니다. 그럼에도 그 시간을 버틸 수 있었던 이유는, 아이러니하게도 제가 강사였기 때문입니다. 누군가 앞에서 희망과 방향을 이야기해야 했기에, 제 삶 역시 쉽게 무너질 수 없었고, 계속해서 배우고 정리하며 앞으로 나아가야 했습니다.

그 시간을 지나며 버티고, 배우고, 변화하려 애썼던 경험은 결국 제 강의의 자산이 되었습니다. 오히려 그런 과정이 있었기에 청중에게 더 솔직하게 다가갈 수 있었고, 말에 진정성을 담을 수 있었습니다. 그렇게 잘 버텨온 시간은 다시 강의의 내용이 되었고, 그 강의는 또다시 제 삶을 지탱하는 힘으로 돌아왔습니다. 강의는 결국 삶을 가르치며 동시에 삶을 배우는 일입니다.

강사가 전하는 말은 단지 지식이 아니라, 자기 자신의 삶에서 우러나온 메시지일 때 더 큰 힘을 발휘합니다. 그래서 강의는 생계를 위한 수단에 그치지 않고, 자기 성찰의 장이자 평생학습의 과정이 됩니다. 수강생이 성장하는 만큼 강사 자신도 성장하는 것이지요.

강사의 삶은 배움의 연속입니다. 먼저 배우고 전달하는 일의 반복이죠. 배움과 성장을 삶의 최우선 가치로 여기는 사람에게 이보다 더 보람 있는 직업이 있을까요. 강의가 계속되는 한, 우리는 멈추지 않고 성장할 수밖에 없습니다. 그것이야말로 강사라는 직업이 가진 가장 큰 매력이며, 또한 그 길을 오래도록 걷게 만드는 이유 아닐까요? 오래전 들었던 그 질문을 이제 여러분에게 돌려드립니다.

"강의해 보실래요?"

강사는 누구를 향해,
무엇을 말하는 사람인가

"강사님은 말을 어쩜 그렇게 잘하세요? 사투리도 안 쓰시고. 강의하기 딱이다~"

강의 현장에서 종종 듣는 말이다. 사람들 앞에서 유창하게 말만 하면 강사가 될 수 있다고 믿는 이들이 의외로 많다. 그러나 강사의 자리에 직접 서본 사람이라면, 그 일이 단지 말솜씨나 전달력 좋은 발음만으로 완성되지 않는다는 것을 곧 알게 된다.

강의는 단순한 전달을 넘어, 듣는 이의 마음을 움직이고 생각을 변화시키는 일이다. 그것이 바로 강사의 본질이며, 교육이 가진 힘이다.

강사는 지식과 정보를 전하는 전달자인 동시에, 교육을 설계하는 기획자이며, 사람의 변화와 성장을 이끄는 촉진자다. 누군가는 강의를 듣고 진로를 바꾸고, 누군가는 삶의 태도를 되돌아본다. 강사의 한마디가 누군가에게는 오랫동안 지니고 갈 이정표가 된다.

강사는 '사람'을 향한 교육자로서의 정체성을 자각할 때, 비로소 단순한 강연자와 구별되는 전문성을 갖게 된다.

현장에서 함께 출발했던 강사들의 모습을 오랜 시간 지켜봐 왔다. 같은 시기에 산업강사로 활동을 시작했지만, 지금은 각기 다른 자리에 서 있다. 현장에서 꾸준히 강의를 이어가며 자신만의 영역을 만들어가는 이들도 있고, 교육을 사업으로 확장해 안정적인 구조를 만든 이들도 있다. 반면, 어느 순간 다른 일을 선택한 이들도 있으며, 여전히 준비와 학습의 단계에 머물러 있는 이들도 있다.

그 과정은 결코 단순하지 않다. 잘하고 싶은 마음에 필요 이상의 비용을 들이기도 하고, 부족함을 느껴 다시 배우기를 반복하기도 한다. 뛰어난 역량을 지니고 있음에도 자신과 맞지 않는 분야에서 방향을 잃고 고민하던 한 강사는, 결국 자신에게 맞는 교육 현장을 찾아 대학에서 강의하며 만족스러운 강사의 삶을 이어가고 있다.

이 차이는 재능의 유무가 아니라, **자신에게 맞는 자리와 방식, 그리고 강사의 역할을 얼마나 정확히 이해했는가**에서 비롯된 경우가 많았다.

물론 직접 부딪히며 깨닫는 과정에서만 얻을 수 있는 지혜와 기술도 있다. 하지만 굳이 세 번 돌아갈 길을 모두 경험하지 않아도 되는 방법이 있다면, 그 길을 안내하고 싶었다. 이 글쓰기는 바로 그런 마음에서 시작되었다.

이 책은 강의를 처음 준비하는 예비 강사, 또는 어느 정도 경험은 있지만 자신의 강의를 점검하고 싶은 분들을 위한 실용적인 안내서다. 타인 앞에서 교육하는 강사로 24년을 보내면서 경험한 것과 느낀 것들을 정리했다.

강사로서의 정체성과 역할을 돌아보는 1장을 시작으로, 이후 장에서는 강의의 구조, 교안 작성법, 전달 기술, 수강생과의 상호작용, 강의 후 피드백 활용까지 강사의 실제 역량을 체계적으로 개발할 수 있는 내용으로 구성했다. 강사 양성 과정의 교재로도 바로 활용할 수 있도록 실전 중심의 내용과 구성 흐름을 담았다.

누구나 강사가 될 수 있는 시대가 되었지만, 누구나 좋은 강사가 되는 것은 아니다. 강의는 자신이 아는 것을 말하는 일이 아니라, 상대가 이해하고 변화하도록 돕는 일이 되어야 하기 때문이다. 그 차이를 아는 사람만이 '말하는 사람'에서 '교육하는 사람'으로 나아갈 수 있다.

교육을 통해 사람을 움직일 수 있다는 믿음은 여전히 유효하다. 이 책을 통해 강의를 업으로 삼고자 하는 이들이 자신만의 강의 철학을 세우고, 수강생의 삶에 선한 영향을 주는 강사로 성장하길 바란다. 강사로 살아오며 배우고 성장해 온 이 이야기가, 같은 길을 걷는 이들에게 작은 힘이 되길.

내 삶의 전부인 나의 일, 강사로 살아온 이야기를 여기까지 정리한다.